COULEUR
À L'AQUARELLE

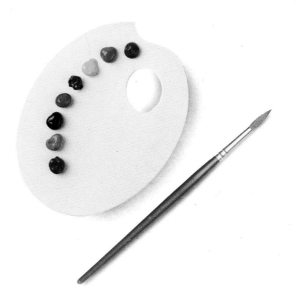

Les manuels du peintre

COULEUR
À L'AQUARELLE

RAY SMITH
en collaboration avec la
ROYAL ACADEMY OF ARTS

dessain et tolra

A DORLING KINDERSLEY BOOK

Responsable d'édition Susannah Steel
Responsable de la maquette Des Plunkett
Révision Joanna Warwick
Assistante de conception Dawn Terrey
Rédactrice en chef Gwen Edmonds
Coordination maquette Toni Kay
Directeur d'édition Sean Moore
Directrice artistique Tina Vaughan
Responsable de la production Joanna Figg-Latham
Contrôle de la production Helen Creeke
Photographie Phil Gatward
Autres photographies Tim Ridley, Steve Gorton

Traduction française Dominique Helies

Illustration de couverture : Philip Sutton,
Nature morte aux fleurs ; 1985

© 1993, Dorling Kindersley Limited, Londres
Titre original en anglais : Watercolour Colour
ISBN 0 75130 027 8

© 1993, Dessain et Tolra, Paris
Dépôt légal : janvier 1994
Imprimé en Italie par Graphicom
ISBN 2-249-27936-5

TABLE DES MATIÈRES

INTRODUCTION

L A COULEUR EST AU CŒUR DE TOUTE PEINTURE. C'est elle qui dévoile le caractère d'une œuvre, traduit son message en mettant directement nos sens en éveil pour solliciter toute la richesse de nos émotions. Les artistes ont coutume d'ignorer les aspects théoriques de ce phénomène ; quel peintre, même parmi les plus virtuoses, n'a pas renoncé à comprendre pourquoi telle couleur ou tel mélange ne convenait pas à son œuvre ? Cet ouvrage aborde les multiples aspects de la couleur appliquée à l'aquarelle. Il vous aidera à en saisir les rudiments, c'est-à-dire le mélange des différents pigments, puis à maîtriser peu à peu toutes les finesses et les subtilités d'une couleur pure et expressive.

Blanc

Rouge-orangé

Rouge

Jaune

Bleu-violet

Vert

Bleu

Un prisme de verre réfringent diffuse la lumière du soleil et la décompose en une suite ininterrompue de couleurs.

Les couleurs du prisme
Isaac Newton (1642-1727) traduisit la première théorie de la lumière blanche, dont il étudia, en 1666, la nature et la composition. Lorsqu'un fin rayon de lumière traverse un prisme de verre, les diverses radiations du faisceau réfracté, reçu sur un écran blanc, se reflètent en un spectre lumineux où se succèdent les couleurs de l'arc-en-ciel, du magenta au violet en passant par l'orange, le jaune, le vert, le bleu cyan et l'indigo. Newton venait de prouver qu'il ne peut y avoir de lumière sans couleur, ni de couleur sans lumière.

Synthèse additive des couleurs
En plaçant un second prisme sur le trajet des rayons colorés, Newton pouvait recomposer la lumière blanche. On découvrit ensuite que trois sources lumineuses filtrées chacune par un filtre bleu-violet, vert et rouge-orangé reproduisaient la lumière blanche ; la superposition de deux de ces radiations engendre une troisième couleur.

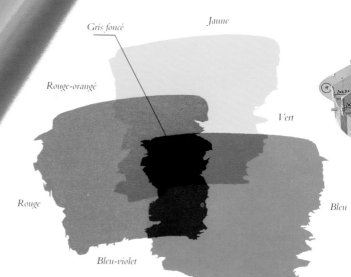

Gris foncé

Jaune

Rouge-orangé

Vert

Rouge

Bleu

Bleu-violet

L'héritage de Newton
Force est de constater que les investigations de Newton trouvèrent peu d'échos auprès du monde artistique de l'époque qui ne les prit guère au sérieux. Si la théorie newtonienne offrait une parfaite explication des liens étroits qui unissent lumière et couleur, peu d'artistes, en cette fin du XVIIe siècle, ont mis à profit ces acquis théoriques pour les appliquer au mélange des couleurs.

Synthèse soustractive des couleurs
En 1730, un graveur allemand, Jakob Le Blon (1667-1741), établit une relation entre les composantes de la lumière et les pigments de couleur utilisés en peinture. Toute couleur peut naître en effet du mélange de trois pigments « primaires », le magenta, le jaune et le bleu cyan. Si on superpose plusieurs pigments, les couleurs absorbent la lumière et se fondent en un gris foncé.

Des teintures aux pigments

De nombreux artistes utilisaient les colorants d'origine organique extraits de mollusques, d'insectes et de plantes. Il fallait des milliers de murex, ces petits gastéropodes marins dont les Anciens tiraient la pourpre, pour confectionner une seule toge romaine. Pour devenir pigments, ces matières colorantes étaient fixées sur une base inerte telle que la craie. Au XIXᵉ siècle, George Field (1777-1854), teinturier, se consacre à la fabrication de l'alizarine, substance colorante végétale rouge. Sur son herbier daté de 1806 figurent des échantillons de garance des bois séchée. Notons le ruban rose de la page de droite peint avec le pigment extrait de cette plante sauvage.

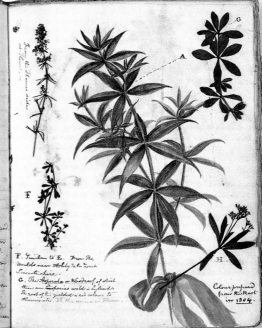

Les cochenilles

Ces insectes fournissaient le carmin, matière colorante d'un rouge éclatant, extrêmement fugace. Provenant du Pérou et des îles Canaries, ils étaient séchés, puis écrasés pour en tirer une poudre rouge.

Le cercle des couleurs

On représente le spectre de Newton sous la forme d'un cercle reliant le rouge au violet (voir p. 10). Il existe plusieurs types de cercles chromatiques variant en fonction de leur complexité ; des « arbres des couleurs » ont été inventés au XXᵉ siècle pour restituer l'ensemble du spectre lumineux et donner une dimension à la couleur, réconciliant ainsi théorie et pratique. Le périmètre de l'arbre reproduit les couleurs pures, tandis que les « branches » en éventail révèlent un dégradé, des plus claires aux plus sombres. La mosaïque de carrés illustre la qualité soustractive des couleurs ; en allant vers le centre, chaque couleur se fond en un gris intense.

L'arbre des couleurs

Le déclin des colorants végétaux

Jusqu'au XIXᵉ siècle, on ne comptait que quelques centaines de colorants naturels communément utilisés pour les pigments de peinture. La garance était une des matières colorantes les plus recherchées, et l'alizarine, extraite de ses racines, était déjà largement employée pour la teinture de tissus depuis l'Égypte ancienne.

Pour répondre à une demande croissante, d'immenses champs de garance, ou « garancières », furent cultivés en Hollande. Après récolte et broyage, ces racines étaient cuites à petit feu pour en tirer l'alizarine. La commercialisation du colorant utilisé en peinture débute à l'aube du XIXᵉ siècle. Mais, dès 1868, ce colorant végétal cède la place à l'alizarine de synthèse, qui, deux ans plus tard, ruine la culture de la garance.

Laque de garance (alizarine)

Racines de garance

Le safran

Extrait des stigmates séchés de *Crocus sativus*, c'est un pigment d'un jaune profond et transparent, qui perd rapidement de son éclat.

Le lapis-lazuli

Pierre semi-précieuse d'un bleu azur à l'origine d'un pigment traditionnel, fort prisé : l'outremer. Mélangé à une pâte résineuse à base d'huile et de gomme, ce minéral était travaillé dans l'eau pour en extraire la couleur, transformée en pigment.

Vers une variété et une richesse plus grandes des coloris

La fin du XVIIIe siècle marque un accroissement de la production de pigments colorés. Les pigments de synthèse comme le jaune de chrome et le bleu de cobalt apparaissent. L'huile étant depuis longtemps considérée comme une technique plus élaborée,

l'aquarelle, reléguée au simple rang de véhicule des couleurs, fut réservée aux dessins topographiques, aux esquisses et aux croquis pour la peinture à l'huile. Toutefois, l'intérêt grandissant pour l'aquarelle et la théorie de la couleur, conjugués aux progrès contribuent, dès de XIXe siècle, à la renaissance de l'aquarelle.

Le jaune indien

Pigment produit par l'urine de vaches privées d'eau et nourries de feuilles de manguier. L'urine était mélangée à de la terre, puis chauffée, séchée et façonnée en mottes. Cette pratique, jugée inhumaine, fut interdite au début du XXe siècle.

La malachite

Ce minéral d'un vert diapré était réduit en poudre fine, puis lié à la gomme arabique.

La terre verte

Pigment naturel gris bleuté-vert, composé d'oxyde de fer, extrait à Chypre et en France, fut l'un des tout premiers pigments utilisés.

La terre de Sienne naturelle

Cet argile ocre brun, riche en fer, qui tire son nom de la ville italienne, eut la faveur de bien des aquarellistes anglais.

Le bleu de Prusse

Ce bleu riche et profond, introduit vers 1720, ne tarda pas à remporter un vif succès auprès des artistes en raison de sa versatilité et de son pouvoir colorant élevé.

L'aquarelle ou la peinture en liberté

L'aquarelle devient l'art pictural en vogue à la fin du XVIIIe siècle, en raison de la facilité avec laquelle elle peut être transportée. Les coffrets de peinture, notamment ceux de la maison Reeves, datant de 1790, offrent aux artistes la liberté de voyager, de saisir et de projeter sur le papier le fruit de leurs expériences. Cette nouvelle passion qui déferle sur l'Europe a deux autres fondements : son accessibilité et les améliorations apportées aux pigments. Dès lors, dans la lignée du grand maître anglais Turner (1775-1851) et de ses émules, les peintres de l'époque refusent le rationalisme de l'art académique et misent sur la richesse de la couleur pour capter l'instant, exprimer l'émotion, suggérer le mouvement.

Les pinceaux les plus appréciés au XIXe siècle étaient en kolinski (fourrure d'une sorte de martre).

La palette modèle au XIXe siècle

Elle est composée de jaune de chrome, de bleu de cobalt, de bleu de Prusse, de Sienne naturelle, de garance rose, d'ombre brûlée et de rouge de Venise offrant, en effet, de multiples possibilités de mélange.

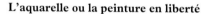

Thomas Girtin,
La Maison blanche à Chelsea,
1800. Londres, Tate Gallery
Ce maître anglais (1775-1802)
révolutionna le croquis
topographique. Contemporain et
ami de Turner, il fut l'un des
premiers à délaisser la simple
représentation de la nature au
profit de son interprétation.
Girtin rompt ici avec l'usage des
sous-couches de gris pour laisser
la lumière éclater sous la
transparence des lavis et se
refléter dans le papier de ton
ivoire. La petite zone de papier
laissée nue donne forme et
volume à la maison blanche. S'il
n'était pas mort prématurément,
Girtin aurait porté ombre à la
réputation de Turner.

L'évolution des pigments

Les pigments traditionnels –
cendre bleue, bleu de smalt et
sang de dragon – ont disparu à la
fin du XIXᵉ siècle et ont été
remplacés par des pigments
artificiels. De nos jours, les
colorants de synthèse, « solides »
à la lumière, ont supplanté les
pigments naturels (garance,
gomme-gutte et carmin).

Cendre bleue

Sang de dragon

Bleu de smalt

Garance rosè

Gomme-gutte

Carmin

*La gomme de Kordofan
était la plus utilisée dans
la peinture à l'aquarelle.*

La gomme arabique

Les particules solides, bien
distinctes, qui composent
les pigments de couleur
sont liées par de la
gomme arabique
tirée de l'acacia
du Sénégal.

*La gomme adragante a la
propriété d'épaissir la
gomme arabique.*

Outremer

*Rouge
Winsor*

*Jaune
de cadmium*

Les pigments modernes

L'essor des pigments artificiels a
révolutionné l'industrie de la couleur. Les
colorants du XXᵉ siècle qui donnent les
pigments utilisés aujourd'hui en peinture
sont à base de pétrole ; en 1980, on ne
dénombrait pas moins de trois millions de
coloris.

POLYPHONIE DES COULEURS

Qu'est-ce que la « couleur » ? Ce terme, employé au sens large, désigne trois grandes qualités : valeur, teinte et saturation. Le mélange de quelques gouttes de teintes pures suffit ainsi à révéler toute une gamme de coloris forts, riches et vibrants. La théorie newtonienne est un principe clé de la peinture. La première qualité de l'aquarelle est sa transparence ; grâce aux pigments qu'elle utilise, la lumière vient frapper la surface du papier, ce qui confère aux couleurs une intensité lumineuse exceptionnelle. Fondée sur le principe de la synthèse soustractive (voir p. 6), l'aquarelle consiste à dissoudre cette lumière à mesure que se superposent les lavis de couleurs.

Teinte
La teinte indique la couleur réelle d'un objet ou d'une substance : par exemple, rouge, jaune, bleu, vert, etc.

Valeur
C'est la clarté ou l'obscurité d'une couleur ; cela dépend de l'intensité de la lumière projetée sur le motif peint.

Saturation
C'est la pureté d'une couleur en termes d'intensité ou d'éclat. Une couleur est peu saturée lorsqu'elle apparaît en transparence sur le papier, lorsqu'elle est mélangée à du blanc pour être éclaircie ou additionnée d'une teinte foncée pour être « rabattue ».

Couleur locale
C'est la couleur par excellence d'un objet ou celle qui est le plus souvent rattachée à cet objet, sans l'action déformante de la lumière.

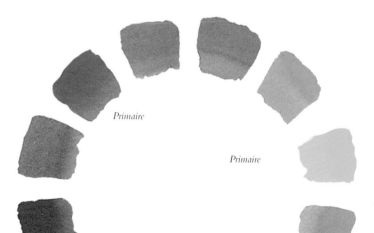

Primaire

Primaire

Primaire

Le mélange des trois couleurs primaires
En mélangeant les trois teintes primaires de notre cercle chromatique (rose permanent, bleu Winsor et jaune de cadmium citron), on obtient une variété de couleurs quasi pures à condition de maîtriser la technique et de savoir doser avec subtilité chacune des couleurs fondamentales.

Des couleurs composées prêtes à l'usage
Vous pouvez choisir dans le commerce un petit assortiment de coloris très solides, qualifiés de « permanents » par les fabricants. Les teintes ci-contre s'accordent pour donner une gamme de couleurs riches. Exercez-vous au mélange de quelques-unes de ces teintes tout en sachant que certaines d'entre elles, notamment les terres, sont plus difficiles à marier.

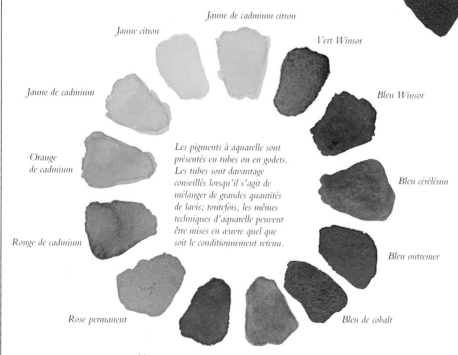

Jaune de cadmium citron

Jaune citron

Vert Winsor

Jaune de cadmium

Bleu Winsor

Orange de cadmium

Bleu céréléum

Rouge de cadmium

Les pigments à aquarelle sont présentés en tubes ou en godets. Les tubes sont davantage conseillés lorsqu'il s'agit de mélanger de grandes quantités de lavis; toutefois, les mêmes techniques d'aquarelle peuvent être mises en œuvre quel que soit le conditionnement retenu.

Bleu outremer

Rose permanent

Bleu de cobalt

Magenta permanent

Violet de cobalt

Étudiez toutes les variations d'une couleur. Les tons clairs apportent quelques touches lumineuses appelées « rehauts », tandis que les lavis plus foncés absorbent davantage la lumière, créant des nuances raffinées.

Les pigments jaunes

Découvrir toutes les nuances d'une couleur et savoir mélanger une palette restreinte sont deux aspects fondamentaux pour l'apprentissage de la couleur. Le jaune est une primaire forte qui peut aussi bien briller que perdre son éclat. Le jaune de cadmium employé pour peindre cette écorce de citron est un jaune chaud et lumineux, tirant sur l'orange ; le jaune de cadmium citron est plus vif, doré. Quant au jaune citron, c'est un pigment puissant, légèrement verdâtre et froid, qui conjugue clarté et pureté.

Zeste de citron peint en jaune de cadmium

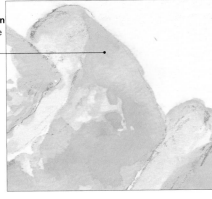

Avant de peindre un objet, il convient d'analyser sa valeur, c'est-à-dire d'étudier son degré de luminosité ou d'obscurité.

Cafetière peinte avec du rouge de cadmium

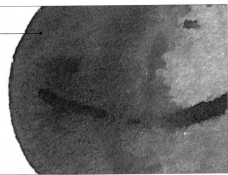

Les pigments rouges

Certains pigments ont un fort pouvoir colorant ; une infime quantité de peinture produit une couleur pure et intense. Le rouge de cadmium, opaque et doté d'un pouvoir colorant élevé, donne à cette cafetière un rouge éclatant. Le rose permanent et l'alizarine cramoisie, teintes violacées et froides, possèdent une transparence naturelle, parfaite pour les fins glacis. Néanmoins, elles ne peuvent se retirer sans tacher le papier de manière indélébile.

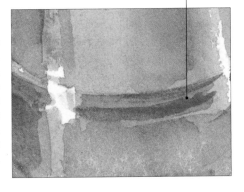

Testez le pouvoir colorant de chaque couleur sur du papier à grain torchon pour étudier la puissance des tons et les nuances.

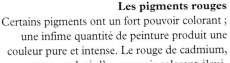

Billes dans une coupe en verre peintes avec du bleu outremer

Les pigments bleus

L'outremer utilisé ici est un bleu pur, solide et chaud, nuancé de violet. C'est un colorant puissant qui doit être utilisé avec modération. Les couleurs permanentes comme le bleu Winsor et le bleu de céruléum sont des teintes froides, stables, qui conservent leur pureté indéfiniment. En revanche, certains pigments, dont le bleu de manganèse, ne résistent pas au temps et ont tendance à « passer ».

L'Art de Mélanger les Couleurs

On peut créer un large éventail de coloris. En associant deux primaires, on donne naissance à une couleur « secondaire ». Les trois primaires – le magenta, le jaune et le bleu cyan – mélangées deux à deux, produisent trois secondaires, l'orange, le vert et le violet.

Sur le cercle chromatique (voir p. 13), chaque secondaire est exactement à l'opposé de la primaire qui n'entre pas dans sa composition : le vert, par exemple, mariage du bleu et du jaune, fait face au rouge.

Rouge de cadmium *Jaune de cadmium*

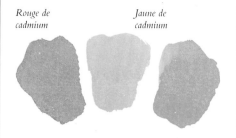

Bleu de céruléum *Jaune citron*

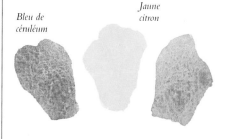

Alizarine cramoisie *Bleu outremer*

Un mélange de rouge de cadmium et de jaune de cadmium, en proportions égales, donne un très bel orange lumineux et chaud.

Les pigments primaires jaune citron et bleu de céruléum s'accordent parfaitement pour produire un vert acide et cru.

Un violet riche et chaud peut être obtenu par mélange d'alizarine cramoisie et d'outremer.

On peut obtenir une teinte secondaire en appliquant un lavis humide sur un lavis sec. Cet orange est plus brillant que le mélange sur palette.

Observez la différence entre les deux lavis : celui de gauche transparaît à peine sous le lavis horizontal tandis que celui de droite, superposé, crée un léger effet de contraste.

L'aquarelle « sur fond sec » préserve la pureté de chacun des pigments d'origine tout en renforçant l'intensité du mélange obtenu.

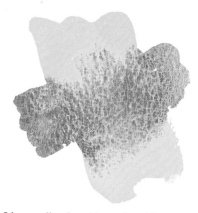

Une troisième méthode consiste à laisser les lavis très humides s'étaler sur le papier et se fondre au gré du hasard. C'est le principe de « diffusion ».

L'aquarelle « humide sur humide » est une technique permettant de créer spontanément des mélanges colorés de force et de tonalité variables.

En mouillant au préalable votre papier ou en diluant les pigments dans un grand volume d'eau, ces couleurs pourront se mêler facilement sur la feuille.

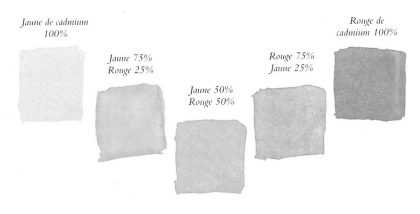

Jaune de cadmium 100%

Jaune 75% Rouge 25%

Jaune 50% Rouge 50%

Rouge 75% Jaune 25%

Rouge de cadmium 100%

Apprendre à mélanger les primaires

Le jaune et le rouge, mélangés à parties égales, donnent certes un orange soutenu, mais qui manque de brillance. En jouant, en revanche, sur les différentes proportions, l'on obtient la plus grande variété d'orange. Ces couleurs ont été mélangées sur la palette, mais la superposition de lavis offre l'avantage de modifier légèrement la force et la luminosité.

Mélanger toute une gamme d'orange

Utilisez un éventail de couleurs primaires pour découvrir les plus beaux mélanges de pigments permettant de donner des orange de tonalité et de force variées ; vous serez surpris par les résultats !

L'alizarine cramoisie et l'outremer s'accordent parfaitement pour offrir un échantillonnage de violets et de mauves.

Jaune citron 100%

Jaune 75% Bleu 25%

Jaune 50% Bleu 50%

Bleu 75% Jaune 25%

Bleu Winsor 100%

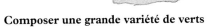

Composer une grande variété de verts

Les pigments bleus sont si puissants qu'il suffit de quelques gouttes ajoutées à un jaune pour composer instantanément un vert. Ces verts peuvent être éclatants ou ternes selon les proportions de primaires utilisées.

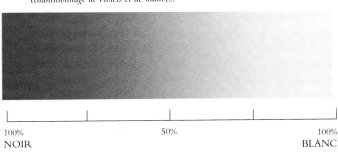

100%
NOIR

50%

100%
BLANC

L'échelle des gris

Elle permet de définir la valeur (donc le degré d'intensité) d'une plage de couleur. Elle sera présente dans chaque étude, accompagnée d'une palette, pour vous aider à repérer les teintes et leur tonalité.

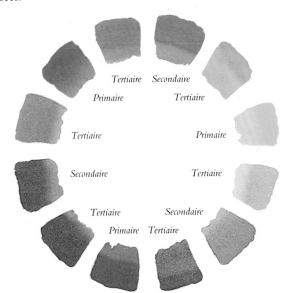

Tertiaire *Secondaire*
Primaire *Tertiaire*
Tertiaire *Primaire*
Secondaire *Tertiaire*
Tertiaire *Secondaire*
Primaire *Tertiaire*

La répartition des couleurs sur le cercle chromatique

Chaque couleur secondaire figure à l'opposé de la troisième couleur primaire n'entrant pas dans sa composition. Notons que le mélange d'une secondaire et d'une primaire donne une couleur « tertiaire ».

LES PALETTES RESTREINTES

CES EXEMPLES, réunissant aquarelles anciennes et contemporaines, montre à quel point les artistes ont joué sur une gamme de pigments pour révéler toute la puissance de la couleur. Si G. John s'est limité à quelques bruns d'une tonalité parfaitement maîtrisée, J. Turner, partant des sept couleurs du spectre, a su rendre une ambiance tout en demi-teinte.

Gabriella Baldwin-Purry, *Pommes.*
L'utilisation des primaires montre les couleurs obtenues par le mélange et la superposition de trois pigments. Les lavis translucides contrastent avec le papier blanc pour produire des teintes fortes et des tons foncés.

Joseph Mallord William Turner, *Coucher de soleil sur un château en ruine surplombant une falaise,* **1835-1839,** Londres, Tate Gallery
Turner fut un grand visionnaire, passé maître dans l'aquarelle. Il joua de cet art pour explorer les propriétés expressives de la couleur et de la lumière. Cette étude, exécutée sur un papier de ton bleuté, révèle toute la composition du spectre solaire ; en effet, les sept couleurs du prisme sont peintes successivement, juxtaposées les unes aux autres, sans jamais se mélanger. Cette maîtrise lui permet de composer un crépuscule fantasmagorique, riche d'évocations. Cette œuvre traduit également la fascination de Turner pour l'étude et la pratique de cette peinture. Il utilise ici la gouache pour créer l'opacité, et le papier bleuté pour accentuer la brillance et l'intensité de cette gouache. Il aurait pu parvenir au même effet en superposant maintes couches de lavis diaphanes et purs.

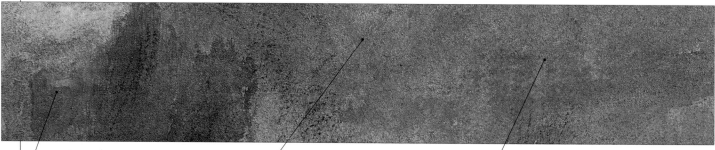

La couleur pure, comme échappée du spectre solaire, développe une extraordinaire intensité de couleur.

Turner recherche les effets de lumière, d'espace et de couleur. Remarquez la puissance de cette étude, d'une apparente simplicité !

Les traînées de couleur se fondent en une atmosphère expressive, harmonie de lumière diffuse et d'ombre qui procure une puissante sensation de vie.

Gregory Alexander,
Variation africaine, **1984,**
Londres, Royal Watercolour
Society Diploma Collection.
Alexander associe ici différentes techniques qu'il mêle à l'emploi de teinture pour révéler toute la puissance de la couleur et de la luminosité. Chaque lavis est traité en aplat de couleur, mais brille grâce aux pigments saturés et purs. Si ces lavis renforcent l'espace bidimensionnel de la composition, les teintes vives, opposées au noir profond et mat, font rayonner les silhouettes dans la lumière.

La gamme limitée de pigments est apposée en simples aplats de couleurs saturées.

Les zones de papier blanc accentuent la puissance et l'intensité des couleurs exotiques.

Les personnages, modelés en simples aplats de noir, tranchent avec la brillance des couleurs.

Gwen John, *Petite Fille au grand chapeau*, **vers 1900.**
L'œuvre de John, d'ampleur modeste et de caractère sobre, fut marquée par l'emploi d'une gamme limitée de teintes non moins puissantes. L'artiste posait méthodiquement les couleurs sur sa palette pour créer de subtiles variations. Dans cette étude, le papier blanc transparaissant sous le visage de la fillette contraste avec les lavis bruns et délicats qui traduisent la raideur à peine suggérée de la pose et soulignent la fragilité de l'enfance.

Edvard Munch, *Nu agenouillé*, **1921,** Oslo, Musée Munch.
Si la mort, l'amour et l'angoisse sont les thèmes de prédilection de ses toutes premières compositions, on constate une nette évolution de l'artiste, guéri d'une dépression nerveuse, vers des œuvres d'une profonde poésie. L'aquarelle offre à Munch un moyen d'exprimer ses sentiments, d'extérioriser ses peurs et d'étudier l'impact émotionnel de la couleur. Cette peinture révèle des couleurs plus expressives que naturalistes ; de simples traits d'un bleu profond et calme ainsi que quelques touches d'un brun chaud créent une sensation de forme et de modelé.

Les lavis transparents d'un bleu profond et d'un brun riche laissent libre cours au lyrisme et à l'expressionnisme du peintre.

Le dessin à main levée, les réserves de blanc et les teintes calmes laissent deviner la sérénité et l'extrême maîtrise de l'artiste.

COULEURS CHAUDES, COULEURS FROIDES

TOUT PIGMENT possède une tendance naturelle à rendre des sensations chaudes ou froides (voir p. 11). Il importe de comprendre l'influence de cette tonalité sur le mélange des couleurs, de connaître les pigments susceptibles de produire les secondaires et les tertiaires. Les primaires, divisées en couleurs chaudes et froides, donnent les meilleurs résultats.

Elles peuvent être opposées pour donner de la lumière, suggérer la profondeur, modeler l'espace ; si les tons chauds tendent à rapprocher, les tons froids semblent s'éloigner. Ces couleurs se complètent ou s'annulent ; situées de part et d'autre du cercle chromatique (par exemple, le rouge et le vert), elles sont « complémentaires ».

Couleur et tonalité

Ces trois jeux de primaires ont été placés sur un cercle chromatique pour illustrer leur tendance naturelle à tirer vers une autre couleur. Le rouge de cadmium tend au jaune tandis que le jaune de cadmium vire au rouge. De même, le bleu outremer a une tonalité rouge alors que l'alizarine cramoisie penche vers le bleu. Enfin, le jaune citron recèle des nuances bleues et le bleu Winsor tend au jaune.

Rouge de cadmium (chaud)

Jaune de cadmium (chaud)

Jaune citron (froid)

Alizarine cramoisie (froid)

Outremer (chaud)

Bleu Winsor (froid)

Gamme chaude, gamme froide

Si deux primaires situées côte à côte sur le cercle créent par mélange une secondaire intense, des primaires très éloignées les unes des autres donnent des teintes neutres, sourdes, voire « sales ». Ces six couleurs suffisent ainsi pour obtenir une infinité de gammes chaudes ou froides, fussent-elles vives et intenses ou ternes et sourdes.

Couleurs lumineuses et intenses...

Le mélange d'un jaune et d'un rouge chauds donne un orange fort, un jaune et un bleu froids se mélangent en un vert éclatant. Un bleu chaud et un rouge froid s'accordent en un violet profond.

Rouge de cadmium

Alizarine cramoisie

Jaune de cadmium

Outremer

Jaune citron

Bleu Winsor

... ou ternes et sourdes

Ces associations de primaires n'ont pas toujours l'efficacité souhaitée et peuvent produire des couleurs ternes et tristes. Néanmoins, certains tons sourds se révèlent parfois du meilleur effet (voir p. 36-37).

Alizarine cramoisie

Rouge de cadmium

Jaune citron

Jaune de cadmium

Bleu Winsor

Outremer

L'usage traditionnel des couleurs chaudes et froides

Les complémentaires sont en général regroupées en trois paires : rouge et vert, jaune et violet, bleu et orange. Regardez un citron de près ; vous constaterez que son ombre est très légèrement violacée. En exagérant cette opposition, on peut jouer du contraste pour créer une sensation d'espace et de lumière.

Ces citrons baignent dans une lumière chaude qui avive leur luminosité. Les ombres froides rehaussent cette impression d'éclat.

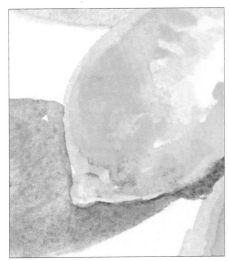

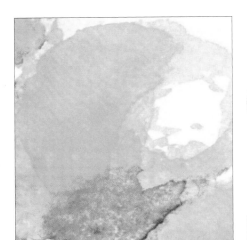

Rehauts chauds...

Une couleur chaude a tendance à rapprocher. Ces citrons sont modelés en des tons et des nuances de jaune de cadmium ; si l'on veut suggérer la profondeur, il suffit d'un soupçon de violet froid pour placer les ombres projetées sous le fruit légèrement en retrait .

... et ombres froides

Elles accentuent la sensation de chaleur en modelant l'espace et en créant la profondeur. Le mélange d'alizarine cramoisie et de bleu de cobalt donne l'impression d'une ombre fuyante.

Ces citrons sont voilés d'une lumière froide qui accentue leur fraîcheur. À l'inverse, les ombres, plus chaudes, créent un vif effet de contraste.

L'usage insolite des couleurs chaudes et froides

Les couleurs opposées s'avivent : deux complémentaires placées côte à côte paraissent plus brillantes que lorsqu'elles sont éloignées. Ici, l'interaction des complémentaires donne une impression d'espace.

Rehauts froids...

Ces fruits d'un aspect froid ont été rendus par du jaune citron. Les zones les plus sombres sont travaillées avec un pâle lavis violet recouvrant le jaune.

...et ombres chaudes

Ces citrons étant peints dans une tonalité froide, leurs ombres doivent être traitées dans un violet chaud, suggérées par un mélange d'outremer et d'alizarine qui donne un lavis violet plus brillant, plus lumineux.

LES COULEURS COMPLÉMENTAIRES

*Préparez une composition simple,
mais digne d'intérêt.*

LES COMPLÉMENTAIRES de cette nature morte – orange et bleu juxtaposés – contrastent si intensément qu'elles gagnent en puissance. La forte lumière artificielle éclairant chaque fruit révèle des ombres bien tranchées qui nous apparaissent froides et bleues. De même, les rehauts d'un jaune lumineux qui soulignent ponctuellement l'éclat de ces oranges s'opposent aux lavis violets voilant les ombres bleues. Ces accords de teintes complémentaires et saturées procurent à l'œil une prodigieuse sensation de lumière et d'espace.

1 ◁ Esquissez à grands traits les contours des oranges avec un premier lavis clair de jaune de cadmium, en utilisant un gros pinceau rond n°10. Puis précisez peu à peu la forme des fruits avec un lavis plus soutenu. Les oranges sont ici modelées par de petites touches à l'aide d'un pinceau arrondi.

2 ▲ Laissez sécher les teintes les plus claires pour empêcher le mélange des lavis successifs. Bien que vous ayez utilisé la technique « humide sur humide », n'hésitez pas à employer un sèche-cheveux pour vérifier l'intensité de chaque couche après séchage.

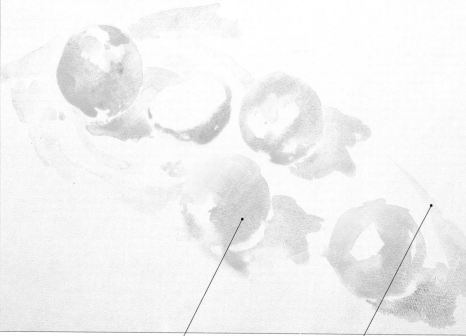

Étape intermédiaire
Les ombres nuancées de bleu-violet sont froides pour suggérer l'éloignement et intenses pour rehausser les lavis orange.

Préparez votre support avec un apprêt acrylique pour donner aux lavis un effet moucheté et les empêcher d'être trop vite absorbés par le papier.

La nappe blanche absorbe et réfléchit la couleur des oranges et de leurs ombres. Jouez sur le contraste entre le jaune citron utilisé pour les rehauts et le bleu de cobalt ainsi que le violet pour les ombres.

3 ▲ Mélangez du rouge de cadmium et du jaune de cadmium pour obtenir un orange riche et vibrant. Employez des lavis saturés pour créer le modelé et suggérer la profondeur autour des fruits.

5 ▲ Abordons l'éxécution des objets et des ombres autour des fruits. Les plis de la nappe sont suggérés avec un mélange de bleu de cobalt et de violet Winsor. Peignez ensuite quelques motifs simples sur le rebord de l'assiette à l'aide d'un petit pinceau n°5.

4 ▲ Les lavis encore humides, utilisez une éponge pour corriger éventuellement vos erreurs. À défaut, prenez un pinceau propre, légèrement mouillé, pour réhumidifier le lavis. S'il vous paraît trop intense, plongez votre pinceau dans l'eau claire et diluez le pigment sur le papier, ou estompez doucement avec une éponge.

6 ◀ Recouvrez les ombres bleues avec des lavis bleu de cobalt, violet Winsor et outremer pour obtenir l'intensité recherchée et donner la profondeur. Utilisez le même lavis et le pinceau n°4 pour les jours de la dentelle. Pour terminer, ajoutez quelques détails, comme les pédoncules des oranges.

Matériel

Palette

Gamme de gris

Jaune citron

Jaune de cadmium

Outremer

Violet Winsor

Rouge de cadmium

Bleu de cobalt

Éponge

Pinceau en martre n° 4

Pinceau en martre n° 5

Pinceau mélange martre/fibres synthétiques n° 10

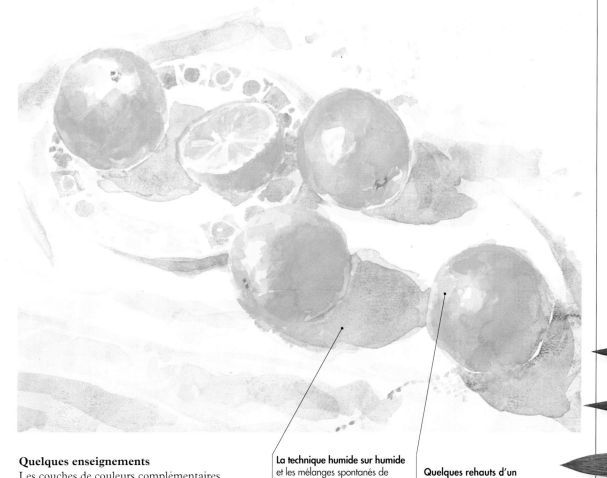

Quelques enseignements
Les couches de couleurs complémentaires contrastent et s'avivent mutuellement. Les teintes orange semblent avancer alors que les ombres bleutées donnent l'illusion de profondeur.

La technique humide sur humide et les mélanges spontanés de couleurs pures et saturées permettent d'exploiter toutes les subtilités de l'aquarelle, sa fluidité, sa légèreté et sa transparence.

Quelques rehauts d'un jaune pur posés sur les parties les plus claires des oranges contrastent avec le violet des lavis bleus.

Regards sur LES COULEURS

DE NOMBREUX ARTISTES ont peint des œuvres fortes en jouant sur les couleurs complémentaires. La palette utilisée par Cézanne a été le pivot de sa saisissante représentation de la lumière et de la forme alors que le peintre allemand Emil Nolde s'est largement inspiré de la vibration fantastique de la couleur pour donner à ses compositions une dimension dramatique. De quoi observer la variété des effets nés de l'harmonie ou de la dissonance des complémentaires.

Ces touches de bleu profond disloquent le profil anguleux et le rejettent dans l'ombre.

Les lavis orangés dégagent le visage, traduisant l'angoisse et la souffrance du personnage.

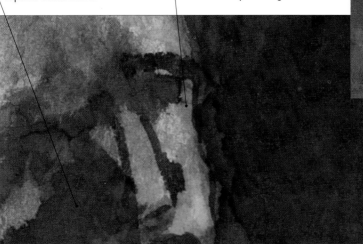

Emil Nolde, *Homme et Femme*, vers 1939-1945, Seebüll, Nolde-Stiftung.
Nolde entretenait un rapport violent et dynamique avec la couleur. Aussi l'utilisa-t-il amplement pour décrire la tension qui, à ses yeux, était au cœur de toute relation humaine. Les tons foncés de couleur pure plongent ici l'homme dans une inquiétante obscurité, tandis que l'attitude quasi inanimée de la femme est accentuée par les lavis orangés et roses ; son œil bleu, vif et glacé, tranche avec l'orange et renforce le sentiment de malaise qui émane de cette œuvre.

Gisela Van Oepen, *La Colline de Cadbury*.
Ce paysagiste a su s'affranchir du détail pour peindre des œuvres d'un grand raffinement, mariant avec éclat et brio des couleurs complémentaires pures et fortes.

Les bleus plus froids fuient à l'horizon, tandis que les teintes rouge-orangé passent au premier plan, créant un effet de contraste et de profondeur.

Cette touche d'outremer anime le lavis orange, alors que le jaune clair module les ciels traités dans des accords de bleu et de violet.

Paul Cézanne, *Nature morte, pommes, bouteille, dossier de chaise*, **1900-1906**, Londres, Courtauld Institute Galleries.

L'artiste utilise les complémentaires pour recréer les effets de la lumière. Les touches de fine gouache, appliquées en virgules, suggèrent l'arrondi des pommes, et le papier légèrement teinté, laissé nu par endroits, modèle l'espace et révèle la magie de la lumière. Les ombres saturées de bleu et de violet, ressortent sur le jaune sourd des fruits, et les quelques notes de vert éclatant et intense contrebalancent le rouge chaud et profond de la table. Ces couleurs trouvent un écho affaibli à l'arrière-plan.

Dante Rossetti, *Horace découvrant la folie d'Ophélie*, **vers 1850**, Oldham, Oldham Art Gallery.

Rossetti fut inspiré par l'art et les légendes du Moyen Âge. Les rouges et les verts révèlent la finesse des détails, la robe bleue resplendit sur un fond jaune d'or.

Cézanne reproduit la lumière réfléchie de l'objet plus que la couleur locale

Les couleurs complémentaires sont appliquées sur des lavis forts et légers pour modeler les objets et les surfaces.

Christopher Banahan, *Basilique romaine*.

Jouant sur une palette restreinte de pigments, le peintre, d'un geste rapide et spontané, travaille avec de larges touches souples et déliées qui permettent aux couleurs de décrire à elles seules les grandes structures et formes d'une scène. L'artiste ne laissant jamais plus d'une couleur dominer la peinture, le pavé orange saturé, au premier plan, devient le pivot lumineux de la composition et s'appuie sur un vaste pan de ciel bleu clair. Cet orangé, merveilleusement intense, se mêle à des plages plus calmes de couleur sourde pour donner l'illusion de profondeur. Le jaune chaud de la coupole et des colonnes est rehaussé par sa complémentaire, le violet, traitée dans des tons plus légers.

L'INFLUENCE DE LA COULEUR

DEUX COULEURS, placées côte à côte, ont un effet réciproque immédiat, qui accuse leurs différences ou accentue leurs similitudes, et qui accroît leur degré de « saturation » individuelle. Les couleurs complémentaires se rehaussent et s'avivent l'une l'autre lorsqu'elles sont en effet juxtaposées en un contraste simultané. Cette interaction montre l'attraction que la peinture exerce sur l'œil et permet à chaque teinte d'atteindre sa puissance optimale. Mais si certaines couleurs ainsi traitées gagnent en éclat, d'autres s'annulent.

Une tache claire sur un fond sombre
Lorsque l'œil perçoit deux teintes juxtaposées, il effectue une mise au point. La surface noire autour du carré blanc paraît plus dense, plus imposante ; inversement, le carré blanc semble plus brillant et plus grand qu'il ne l'est en réalité.

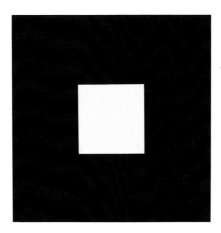

Une tache foncée sur un fond clair
La zone claire autour du carré noir apparaît moins dense qu'une surface semblable, de même clarté, mais n'offrant pas un contraste si marqué. Bien que les carrés placés au centre soient identiques, le noir semble plus petit que le blanc.

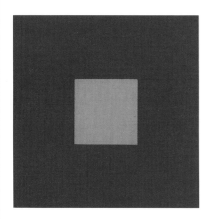

Cet orange vif incrusté dans un fond bleu foncé paraît plus brillant et plus saturé que s'il était isolé par un cache blanc.

Un carré vert sur un fond rouge gagne en luminosité et a tendance à foncer sa complémentaire.

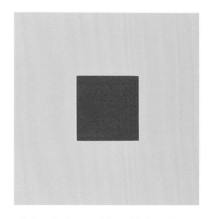

Ce jaune lumineux perd de son éclat lorsqu'il est juxtaposé à un violet intense, qui, lui, tend à vibrer.

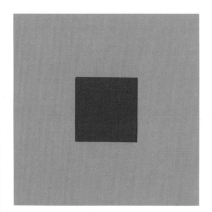

Un petit carré bleu foncé sur un fond orange vif est encore plus saisissant !

Le vert semble ici plus terne et plus foncé, face au rouge qui s'illumine et s'intensifie.

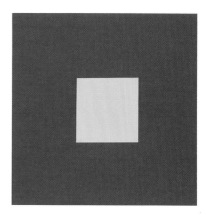

Une petite lueur jaune vif sur un fond violet brille davantage.

La recette d'une bonne composition

Il importe de bien comprendre comment deux couleurs peuvent être mises en valeur ou contrariées. Le principe fondamental de la complémentarité des couleurs est à la base de tout contraste réussi. Ce bouquet de fleurs séchées abonde de teintes sourdes et affaiblies (voir p. 36 et 37), mais il peut changer rapidement d'aspect selon les divers fonds colorés qui lui sont opposés.

Fleurs séchées, harmonie de jaunes foncés et d'ocre lumineux.

Le pot de terre cuite paraît d'un ton rouille profond sous l'éclairage naturel.

Fond neutre

Ces couleurs, sur un fond neutre soumis à un éclairage blanc, conservent leur apparence toute naturelle.

Ce fond d'un jaune chaud révèle l'absence de couleur pure dans cette composition.

Le contraste créé par le bleu profond accentue les couleurs sourdes qui se font plus brillantes, plus pures.

Des couleurs qui s'annulent...

Plaçons le pot de fleurs devant un fond d'un jaune intense : ses couleurs semblent ternes, dépourvues d'attrait. Moins saturées, elles paraissent plus foncées que dans la réalité.

... ou s'avivent. Lorsque le pot de fleurs est installé sur un fond d'un bleu profond, les teintes s'avivent mutuellement. Les touches d'orange ou de jaune de chaque fleur ressortent pour faire chanter l'ensemble.

Opposées à un rouge fort, certaines parties du motif s'éteignent, voire disparaissent, comme dissoutes dans le fond.

Le contraste avec le bleu vif et lumineux du fond fait vibrer les couleurs sourdes. Ce bleu à dominante froide ravive les teintes chaudes du motif.

Ce magenta influence subtilement les tons jaunes des fleurs, qui gagnent en pureté ; mais qu'advient-il de la définition du pot ?

Le fond vert agit sur les tonalités orange et rouge du motif, illuminant ces teintes fortes et brillantes.

LES SECRETS DE LA COMPOSITION

Une composition est fondée sur trois éléments clés : forme, valeur et couleur.

Utilisons sur quatre compositions différentes une palette réduite de couleurs pour étudier la variété des résultats qu'offre un même choix de coloris. La réussite d'une composition dépend en effet largement de la répartition des couleurs sur le papier. Celles-ci s'associent à des éléments essentiels, dont la forme et la valeur, pour créer l'équilibre général. Dans les présents essais, les mêmes couleurs reviennent, mais les sensations et les effets diffèrent selon la manière dont elles sont traitées. Précisons enfin que la couleur employée dans ces études a plus la vocation de créer une sensation que de décrire un sujet.

1 ▲ Commencez par peindre un aplat d'outremer sur une grande feuille de papier à grain moyen, à l'aide du gros pinceau plat. Recouvrez la surface du papier avec un très léger ton du même lavis, puis exécutez les lavis noir d'ivoire et vert de vessie.

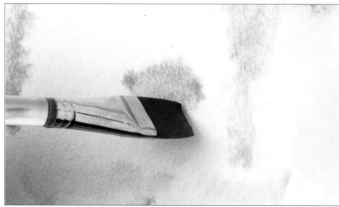

2 ▲ Ajoutez un intense lavis turquoise pour suggérer la forme d'un arbre et compléter ainsi la composition. La couleur doit instantanément diffuser et se fondre dans le papier mouillé. La composition et la couleur importent plus que les détails ou les objets !

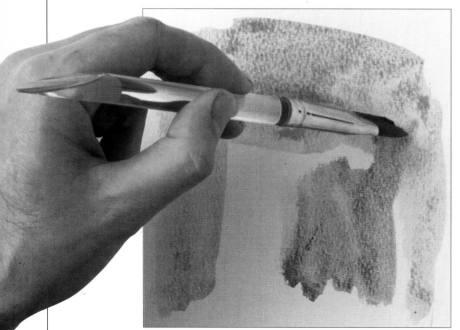

3 ▲ Pour cette seconde étude, on inverse l'agencement des couleurs. Passez un fort lavis noir d'ivoire sur le ciel et le fond, et un lavis outremer saturé au premier plan.

4 ▲ Appliquez un trait de vert de vessie intense à gauche pour compenser et adoucir les lavis bleus et noirs à tendance froide. Ces teintes fortes ont un puissant effet sur l'œil.

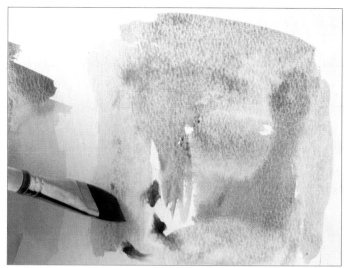

5 ▲ Appliquez quelques touches d'outremer très saturé et dense pour donner une tonalité plus profonde, casser et équilibrer ses larges aplats de couleur sans relief. Cette aquarelle présente à l'évidence des tons plus intenses que les autres.

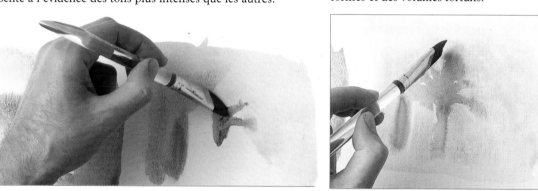

7 ▲ Pour cette dernière étude, jouez de la loi des contrastes afin de renforcer le caractère de la composition. Peignez un lavis rouge de cadmium sur le fond et complétez-le d'un riche lavis vert de vessie pour évoquer un arbre.

6 ▲ Sur cette troisième étude, peignez le ciel et le fond avec un lavis de vert de vessie. Ajoutez quelques pavés turquoise et outremer soutenus, et laissez les couleurs se mêler pour obtenir des teintes secondaires plus subtiles et créer des formes et des volumes fortuits.

8 ▲ Ajoutez un rouge de cadmium pour équilibrer le vert, puis travaillez le lavis rouge autour de l'arbre. Finissez par un voile d'ombre naturelle au pied.

Quelques enseignements
Un assortiment limité de coloris, allié à un large éventail de formes et de tons, produit quatre compositions fort différentes. La disposition de chaque esquisse est intimement liée à l'intensité et à l'interaction de ses couleurs.

La technique humide sur humide permet aux lavis de se fondre et de donner du flou à leurs contours.

Cette composition offre à l'évidence la meilleure synthèse de couleur, de forme et de valeur, suggérant une ambiance des plus subtiles.

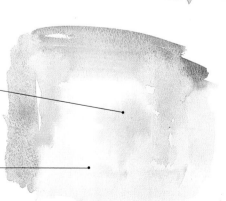

Matériel

Palette

Gamme de gris

Outremer

Vert de vessie

Rouge de cadmium

Noir d'ivoire

Ombre naturelle

Turquoise

Brosse en fibres synthétiques n° 12

Brosse en fibres synthétiques n° 22

25

L'HARMONIE DES COULEURS

« PEINDRE AVEC HARMONIE » signifierait jongler avec les couleurs tout en respectant les grandes théories de l'esthétique. Si aucune règle immuable ne prévaut en la matière, on peut néanmoins énoncer les principales lois qui les régissent. L'harmonie est dictée par l'ordre et la proportion des couleurs. La plus simple s'obtient en mélangeant deux teintes et en intercalant leur résultante entre elles, ce qui crée un lien commun unifiant les teintes initiales. De même, il y a harmonie lorsque les teintes employées ont la même valeur ou saturation, ou si une couleur dominante embrasse une variété de nuances et de tons. Les teintes voisines sur le cercle chromatique créent une « harmonie analogue » ; les complémentaires, judicieusement dosées, offrent une « harmonie contrastée ».

La dominante

On parle d'harmonie si les couleurs ont une correspondance, une parenté qui unifie la composition. Les fruits et objets qui composent ce sujet sont liés par une même couleur primaire dominante : le jaune.

Cette nature morte est constituée d'éléments de couleurs différentes, certes, mais qui ont une primaire commune.

Chaque couleur renferme une certaine quantité de jaune. Ces multiples teintes regroupent des secondaires et des tertiaires.

Les jaunes analogues
Ces teintes s'échelonnent du vert clair à l'orange en passant par le jaune.

L'harmonie des couleurs analogues
L'unité créée par cette dominante jaune est appelée « concordance des analogues ». Elle procède des couleurs placées côte à côte sur le cercle chromatique. On peut obtenir cette harmonie pour chacune des trois primaires illustrées ci-dessous.

Les rouges analogues
Il s'agit des teintes allant de l'orange foncé au violet. Notons les tertiaires qui encadrent la primaire sur cette palette.

Les bleus analogues
Cette gamme s'étend des violets froids aux verts profonds. Les secondaires figurent aux deux extrémités de la palette.

Une harmonie monochrome

Ce vert émeraude *(en haut)* a été éclairci, mélangé à du jaune, du bleu, du rouge et du noir pour créer une gamme de verts. La présence de vert, à chaque étape, crée l'harmonie.

Unifier la couleur

Le vaste éventail de tons est jugé harmonieux grâce à la dominante verte de chaque élément.

La couleur locale de chaque fruit peut varier d'un vert foncé à un vert pâle tirant sur le jaune ; la qualité de la lumière et de la couleur saturée du fond rehausse le vert des fruits.

Ces objets s'accordent plus qu'ils ne s'opposent : ils sont en parfaite harmonie.

Une délicate harmonie

La prédominance du vert dans cette palette crée une sensation subtile. En effet, l'œil s'adapte facilement à chaque objet coloré.

L'harmonie des contrastes

Le rouge et le vert occupent la même surface : ils sont d'intensité et de luminosité égales.

Deux tiers de bleu et un tiers d'orange s'équilibrent parfaitement, l'orange étant plus vibrant et intense.

REHAUSSER UNE COMPOSITION

Deux couleurs complémentaires, en proportions bien dosées, s'harmoniseront avec bonheur ; toutefois, si ces mêmes teintes sont peintes en quantités inégales, un aspect différent peut être obtenu, qui relève l'impact de la peinture. Les fraises de cette composition sont un exemple de ce phénomène : ces taches rouges soutenues parsemées sur le sujet à dominante verte n'impriment-elles pas à la scène une fantastique vibration ? (Voir p. 22-23.)

Une petite tache rouge dans un environnement vert accentue l'impact de la nature morte sur l'oeil.

Il suffit d'une petite pointe de rouge rayonnant au contact de sa complémentaire, le vert, pour que le fruit voisin ait un aspect plus éclatant, plus concentré.

Le jaune ne doit pas dépasser le quart d'une surface peinte avec une dominante de violet, sous peine d'atténuer celui-ci.

Ces trois jeux de complémentaires sont divisés en deux zones qui illustrent, en théorie, l'équilibre idéal des teintes opposées. Le jaune occupe moins de surface que le violet et possède un pouvoir colorant plus élevé. Ces proportions dépendent de la saturation maximale de chaque teinte. Si intensité et valeur évoluent, on modifie d'autant leur quantité.

Regards sur LA COMPOSITION

Toute peinture s'inspire de trois éléments – couleur, tonalité et forme – pour créer une composition réussie. Si les peintres allemands August Macke et Emil Nolde excellèrent dans l'art de révéler de saisissants effets à l'aide de couleurs franches, l'Américain Winslow Homer misa sur des tons subtils pour suggérer la profondeur.

August Macke, *Dame à la jaquette jaune*, **1913**, Ulm, Museum der Stadt.
Son œuvre révèle un sens aigu des proportions, des structures et des valeurs. Notez l'impact visuel de ces formes et de ces teintes qui s'entrechoquent dans cette scène. Macke a su méticuleusement disposer les couleurs analogues sur le papier pour exalter chacun des pigments juxtaposés. Le jaune lumineux de la veste féminine, contrastant avec le bleu foncé et saturé de l'ombre masculine, se dégage davantage de la composition. Le filet blanc entre les deux silhouettes permet à chaque pigment de préserver sa force naturelle. Toute une gamme de verts foncés vient s'ajouter aux formes orangées et carminées. Le regard circule parmi cette débauche de tons lumineux et sombres, guidés par deux lignes de perspective qui détournent l'attention sur la droite du tableau.

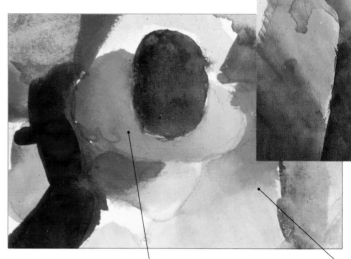

Les mêmes formes et couleurs, inlassablement répétées, s'équilibrent et se complètent pour créer une composition soigneusement structurée.

Macke joua à la perfection de la force de ces couleurs pures pour qu'elles s'exaltent dans un puissant embrasement.

Emil Nolde, *Arums et Tulipes*, vers 1906, Seebüll, Nolde-Stiftung.
Nolde vit dans la couleur le moyen d'expression par excellence. Ses lavis s'étalent pour évoquer des formes rythmées qui font de la couleur la source de vie et de vitalité de la peinture. Il affectionnait les fleurs, symboles de l'éphémère. Un soupçon de couleur saturée sur ces tulipes rouges et jaunes suffit à les faire chanter sur le fond bleu. Leurs teintes chatoyantes surgissent sans pour autant l'emporter sur les verts apaisants et le violet foncé des fleurs inclinées. Les deux petites étamines orange qui tempèrent le fond bleu attestent la virtuosité du peintre, coloriste incomparable.

Paul Newland, *Intérieur.*
Newland s'est attaché à bâtir, dans chaque tableau, un système cohérent de tons et de couleurs propres à créer une subtile composition. Il travaille dans une gamme assourdie qui procure une sensation de chaleur et de profondeur, conférant ainsi à ses œuvres relief et matière. Chaque détail du décor existe par lui-même. Les objets sur la table, faiblement éclairés, contrastent avec les formes abstraites qui se profilent sur le mur.

Sharon Finmark, *Café 2*
La sensation d'espace et de lumière qui émane de cette scène procède d'une habile alliance de divers tons et couleurs. La diagonale jaune attire l'attention au centre du décor et bien au-delà, accentuée par les formes, traitées dans un violet et un gris froids. Cette lumière inonde la scène de teintes chatoyantes, ravivant les rouges riches et lourds des tentures comme l'orange doré des lambris. Les petites touches de pâle vert froid et les ombres violettes s'opposent délicatement aux larges lavis de rouge et de jaune.

Homer capte toutes les finesses de la lumière extérieure, qu'il restitue dans une vaste gamme de tons.

La maîtrise des formes et des plans de couleur conduit l'œil à balayer toute la peinture.

Winslow Homer, *Goélettes à Gloucester,* **1880.**
Les tons sourds de ce paysage sont obtenus par des touches fluides qui accentuent le miroitement de l'eau. Homer superposa plusieurs lavis d'une éclatante transparence pour trouver la bonne tonalité. Il s'intéressa autant aux formes « négatives » entre les objets, qu'aux objets eux-mêmes pour accentuer le relief et la profondeur du tableau, comme en témoignent les parties sombres de la voile de la première goélette. Le papier laissé nu suggère la voilure blanche, et les ombres sont peintes en négatif dans cette réserve. Le blanc intense de la voile, souligné par les tons foncés de la mâture en bois, occupe le devant de la scène et attire le regard sur les teintes extrêmes employées dans ce travail. Homer retoucha souvent ses œuvres en utilisant des techniques soustractives, c'est-à-dire en réhumidifiant la peinture. En outre, il sut adoucir les contours des formes à la brosse pour créer des effets plus raffinés.

LES COULEURS VIVES ET ÉCLATANTE.

PLUS LA LUMIÈRE RAYONNE, plus les couleurs paraissent pures et intenses. Si la lumière matinale, claire et vive, renforce la saturation des teintes, la lumière de l'après-midi peut les blanchir et les affaiblir. La couleur que nous percevons est en fait la lumière réfléchie par les objets. Si la qualité ou la force de la lumière ne varie aucunement, il n'en va pas de même pour la couleur des objets et la nature de la lumière qui peut donner, selon le cas, une sensation radicalement différente.

La lumière éclatante et vibrante peut naître de toute une combinaison de techniques.

La lumière radieuse du matin
Cette esquisse capte la clarté matinale d'un ensemble architectural. Les complémentaires se rehaussent mutuellement pour accentuer leur brillance au point que la lumière semble scintiller sur les façades. Chaque couleur est portée à son maximum de saturation et de luminosité pour transcrire l'éclat.

Violet

Jaune

Luminosité et matité
Les peintures vives peuvent être constituées d'aplats de couleur saturée. Ces taches juxtaposées d'orange et de bleu, de jaune et de violet purs, s'influencent mutuellement pour créer une sensation de lumière claire et puissante.

Bleu

Orange

Diffusion
Des zones de couleurs diffuses, obtenues par petites touches de pigments purs et saturés, conservent un maximum de vibration tout en se fondant naturellement. C'est le procédé du « mélange optique ». (Voir p. 31.)

La lumière vaporeuse de l'après-midi

Les couleurs éclatantes du matin (*à gauche*) laissent place à une lumière plus « blanche » et plus intense qui rend la scène plus pâle (*à droite*). Les pigments sont mélangés à beaucoup d'eau pour obtenir des teintes brillantes qui voilent la lumière vive.

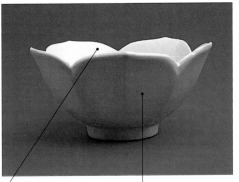

Effets de brume

Les contrastes étant moins tranchés dans la pâle lumière vaporeuse (*ci-contre*), les lavis se fondent avec douceur selon la technique humide sur humide. On peut percevoir une troisième couleur née de l'effet de « mélange optique ».

 *Bleu*  *Violet* *Jaune*

Varier les effets de lumière

Le pigment d'origine dilué dans un peu d'eau produit un lavis, intense, vif et saturé (*en haut*), puis, si l'on augmente peu à peu la quantité, le lavis s'éclaircit et perd de son intensité tout en gardant sa luminosité et sa brillance (*en bas*).

LA LUMIÈRE RÉFLÉCHIE

Lorsque l'œil perçoit la couleur d'un objet ou d'un paysage, il est en fait influencé par la nature de la lumière réfléchie sur la couleur locale de l'objet.

La perception de la couleur

Un corps blanc diffuse intégralement toutes les radiations de lumière qu'il reçoit. Sur cette photo, cette coupe renvoie la lumière d'ambiance bleue et prend à son tour des tons bleutés. Si une source lumineuse blanche vient maintenant éclairer le dessus de l'objet, celui-ci réfléchit directement cette lumière et nous apparaît blanc. Le mélange des pigments est comparable à cette observation.

La coupe change de teinte selon la couleur de l'éclairage incident.

La lumière bleutée dessine des ombres et des reflets sur la surface de l'objet.

La réverbération de la lumière

Les tons jaunes et brillants de cet édifice miroitent dans les ombres violettes pour créer une troisième teinte, profonde et sourde.

Sous un éclairage vert, cette coupe revêt un aspect froid.

En éclairage rouge, il acquiert de la profondeur et de la richesse.

Une lumière orangée suffit à illuminer et à raviver l'objet.

UNE NATURE MORTE RUTILANTE

Le fond d'un bleu intense exalte l'éclat de ces fleurs.

CETTE PEINTURE AUX COULEURS CHATOYANTES est exécutée à l'aide d'une gamme restreinte de pigments purs et saturés. Les complémentaires - bleu et orange, rouge et vert - jouent de leur puissant effet réciproque pour créer une sensation de lumière intense. Cette vivacité et cette pétulance sont rendues par des lavis translucides ponctués de quelques vives touches de couleurs.

1 ▶ Ébauchez la composition sur du papier à grain moyen. Appliquez un lavis d'outremer soutenu avec un pinceau n° 9 pour le fond. Travaillez ensuite, à grands coups de pinceau souples et rapides, les contours des lis et les interstices entre fleurs et tiges pour créer des formes négatives d'un bel effet. L'aspect granulé et moiré du lavis bleu et intense est obtenu en laissant la peinture se déposer dans le grain du papier.

2 ▲ Appliquez un second lavis outremer sur le fond si la première couche ne transparaît pas suffisamment. Certes, il s'agit là d'un procédé inhabituel, mais songez que l'impact des fleurs orange pâle sera étroitement lié à l'intensité du fond bleu.

3 ◀ Ce fond étant sec, imprégnez les pétales de couleur avec un pinceau fin n° 6. Pour un orange soutenu, mélangez sur la palette du jaune et du rouge de cadmium ou directement sur le papier un lavis de jaune de cadmium que vous recouvrirez sans attendre de rouge pur. Ces deux pigments fusionneront pour produire un orange doré.

4 ▲ Ajoutez par endroits quelques touches discrètes de cette couleur pour rompre la monotonie des lavis orange et bleus. Mélangez du bleu Winsor à du jaune citron pour donner une secondaire - un vert tilleul - qui suggérera les boutons de fleurs.

5 ▷ Peignez les tiges des lis avec le même lavis vert tilleul. N'hésitez pas, s'il y a lieu, à chevaucher le lavis outremer pour gommer toute trace de papier blanc. En effet, l'absence de blanc dans cette composition doit permettre aux couleurs accolées de s'influencer mutuellement et de ressortir sur le papier (voir p. 22-23).

Matériel

Palette

Gamme de gris

6 ◁ Peaufinez chaque fleur en laissant les lavis jaune de cadmium et vert tilleul se fondre grâce à la technique humide sur humide. Ce procédé, préféré au mélange sur palette, permet à chaque couleur de conserver une saturation et une brillance optimales.

Jaune de cadmium

Jaune citron

Les pigments lourds, comme l'outremer, se déposent dans les aspérités du papier pour créer un aspect jaspé.

La pureté et la transparence de chaque pigment permettent à la lumière de se refléter sur le papier et d'illuminer toute la peinture.

Les couleurs qui se diffusent naturellement par la technique humide sur humide gardent intacte leur intensité.

Rouge de cadmium

Bleu Winsor

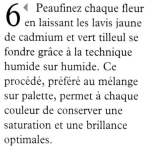

Outremer

Pinceau en martre n° 6

Pinceau en martre n° 9

Étape intermédiaire

Cette composition d'aspect insolite, délibérément centrée sur ces fleurs en plein épanouissement, permet aux complémentaires, l'orange et le bleu, de créer un puissant impact. Le large aplat de bleu profond avive et exalte l'orange clair des pétales de lis.

7 ▶ Prenez un petit pinceau et appliquez un lavis de rouge de cadmium pour les œillets. Cette couleur soutenue tranche avec les tiges vertes et confirme l'équilibre articulé autour de deux jeux de complémentaires. Il suffit d'une pointe de rouge pur pour compenser les verts. Étalez copieusement la peinture en veillant à bien épouser la forme de la fleur et à la renforcer face au lavis bleu.

8 ◀ Mélangez un lavis plus soutenu de jaune citron et de bleu Winsor et faites glisser délicatement votre pinceau fin le long des tiges et des feuilles. La forte proportion de bleu froid dans ce mélange foncé accentue la profondeur et souligne la prédominance du jaune dans le lavis vert clair. Ce simple contraste de tons confère plus de relief aux tiges.

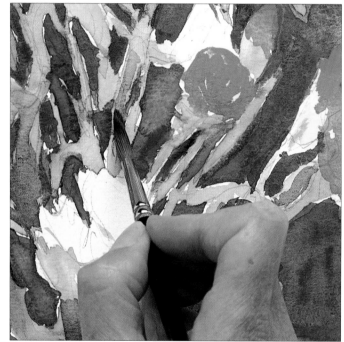

9 ▲ Peignez les autres fleurs en utilisant davantage de pigment. Mélangez du rouge de cadmium et du jaune de cadmium purs sur le papier, puis laissez fusionner quelques touches de lavis vert clair dans cette peinture encore humide pour donner aux fleurs une plus grande variété de teintes secondaires.

10 ▲ À mesure que les pétales sèchent, ajoutez quelques traits vifs de rouge de cadmium pur au cœur de chaque lis pour suggérer lignes et relief. Le lavis orange encore humide adoucit les bords de ces filets rouges. Ces touches de couleur intense et diffuse fragmentent les larges aplats et animent la peinture.

11 ◀ Lorsque les lavis sont bien secs, reprenez les contours des fleurs et des tiges avec un second lavis outremer, plus foncé. Étalez cette couleur au petit pinceau en frôlant la limite des teintes plus claires; les traces de bleu chevauchant les lavis orange ou rouges donneront un violet et un vert plus profonds tout en révélant des motifs intéressants.

12 ▲ Ajoutez quelques détails comme les filets figurant les étamines. Mélangez du bleu Winsor et une pointe de jaune citron pour obtenir un lavis vert, profond, et faites jaillir quelques traits fins du cœur de chaque fleur. Terminez par les anthères avec un lavis soutenu d'outremer additionné de rouge de cadmium.

Quelques enseignements

La composition très étudiée de cette nature morte vise le parfait équilibre de la forme, du volume et de la couleur. Les diagonales créées par les tiges guident d'emblée le regard vers les fleurs en pleine éclosion. La pureté et la vibration des couleurs confèrent à la peinture une puissante luminosité. Les petits détails, peints en touches légères au cœur de chaque lis, à la brosse sèche, ajoutent des zones de couleur rompue mêlées aux larges aplats de complémentaires et communiquent à l'ensemble un fantastique souffle de vie.

Ces couleurs pures et saturées sont le fruit d'un mélange sur le papier, non sur la palette.

De petites touches de couleur rompue, appliquées çà et là, accentuent la spontanéité et la légèreté de la composition.

L'absence de réserves de blanc permet aux complémentaires de s'aviver mutuellement ; chaque couleur, rehaussée par son opposée sur le cercle chromatique, se pare de mille reflets changeants.

LES COULEURS SOURDES ET ÉTEINTES

SI LES PEINTURES VIVES misent sur des couleurs brillantes et saturées pour vibrer intensément et rendre un puissant effet, les peintures sourdes suggèrent une atmosphère raffinée, en demi-teintes. Une couleur pure devient neutre si on la coupe de blanc (en l'occurrence, le blanc du papier) ou si on lui ajoute une autre couleur. Rappelons que le mariage d'une primaire et d'une secondaire crée une tertiaire (voir cercle chromatique, p. 13).

Couleurs « désaturées »
Les couleurs sourdes, comme les teintes « désaturées » ci-dessus, évoquent les ambiances pâles, ouatées, tout en demi-teintes. De leur similitude de ton et de force naissent une belle harmonie.

Créer une atmosphère
Toute la grisaille et la brume sont ici révélées par une gamme de teintes très peu saturées. Les pigments sont mélangés tant sur la palette que sur le papier pour suggérer une timide lumière hivernale. Un voile ou « glacis » de rose permanent appliqué en fin de travail sur toute la surface estompe et gomme les disparités du paysage.

Couleurs sourdes
Ces ombres floues ont été développées avec plusieurs couches de teintes sourdes. De pâles lavis sont appliqués un à un pour conserver leur luminosité et créer des dégradés de ton. Notez que la lumière assourdie ne révèle que le confinement de l'hiver.

Le mélange des teintes désaturées
En incorporant aux lavis un bleu primaire froid, ces teintes deviennent plus soutenues. Veillez au dosage pour ne pas tuer la luminosité.

Les tons neutres

Un gris neutre, sans relief, est obtenu en mélangeant des primaires à parties égales. En revanche, ces neutres colorés, accords de deux pigments en proportions différentes, gardent leur luminosité et leur dominante chaude ou froide.

Mélanges de bleu et d'orange en quantité inégale

Mélanges de vert et de rouge : teintes douces et lumineuses

Mélanges de violet et de jaune : teintes chaudes et froides

Le papier crème…

Le papier crème du tableau de droite harmonise les teintes grâce à une dominante qui influence le caractère de la scène et donne une unité générale. Il offre ainsi le même aspect qu'un lavis supplémentaire sans nécessiter autant d'aquarelle.

… et ses effets

Les pigments paraissent ici plus brillants, puisque, à rendu égal, le nombre de couches de peinture est moindre. Bien que d'un style très dépouillé, ce tableau semble plus accompli que son semblable exécuté sur papier blanc.

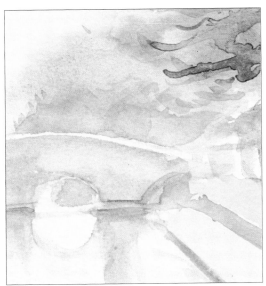

Couleurs douces et contours flous

Quelques lavis de pigment sourd suffisent à éclaircir la scène. Ces lavis se fondent pour élargir la gamme de couleurs « désaturées ».

LES GRIS COLORÉS

Ces gris sont indispensables à l'éclat des tableaux dominés par des couleurs éteintes. Une couleur primaire ou saturée, proche d'un gris, gagne en brillance et en pureté. Une belle gamme de gris peut être créée en mélangeant des pigments complémentaires en différentes proportions. Un gris-bleu lumineux, par exemple, rehaussera à merveille un orange frémissant.

Bleu Winsor et rouge de cadmium s'accordent en un gris rosé et chaud. Mais prudence ! Mélangées en quantités égales, les complémentaires s'annulent.

Le jaune de cadmium additionné de violet Winsor révèle un gris profond et riche.

Le rose permanent conjugué au vert Winsor donne un gris bleuté et froid.

UNE SCÈNE D'INTÉRIEUR AUX COULEURS ASSOURDIES

Un croquis en noir et blanc définit les zones claires et obscures de la scène.

ETTE SCÈNE D'INTÉRIEUR exhale un doux parfum d'intimité. La lumière diffuse du soir qui filtre par l'encadrement de la porte et de la fenêtre dessine des ombres délicates et profondes. Tous les objets de la pièce ont été finement moulés dans une variété de tons, comme autant d'images solitaires tantôt confondues dans une lumière diaphane, tantôt apportant à la composition la précision du détail. Les zones de pénombre, en gris colorés, rehaussent l'élégance des couleurs pures, qui se font ainsi plus brillantes, et procurent une exquise sensation de chaleur et de lumière tamisée.

Les tissus imprimés offrent un sujet d'étude intéressant.

1 ◁ Appliquez les premiers lavis d'ocre jaune, de noir d'ivoire, de terre verte et d'ombre brûlée avec un pinceau n° 9, en simples plages de couleurs analogues pour travailler les jeux de lumière et la transparence des pigments. Le papier chiffon de ton ivoire, bien tendu, avive légèrement les pigments. Son gros grain et ses bonnes qualités d'absorption empêchent les pigments de stagner dans ses parties creuses et permet, au contraire, aux couleurs de se fondre instantanément.

2 ◁ Développez les différentes parties de la pièce simultanément afin de bâtir peu à peu le sujet. Ne vous attardez pas sur un détail du décor, au risque de déséquilibrer le tableau. Les objets situés à droite étant faiblement éclairés, peignez la commode avec un lavis soutenu composé de rouge indien et de brun Van Dyck.

3 ▲ Appliquez la couleur par petites touches nerveuses, en tapotant le papier avec le pinceau pour créer des jours dans le lavis et lui procurer plus de légèreté. Ces quelques mouchetures de blanc réservé intensifient les pigments.

4 ◀ Peignez le côté sombre de la commode avec un lavis foncé de brun Van Dyck. Laissez suffisamment de transparence pour permettre au lavis plus clair de créer un effet de texture. Le contraste des ombres donne au meuble sa profondeur et son modelé. Les arêtes de la commode sont floues pour créer une lumière diffuse.

5 ▲ Appliquez un fin lavis d'ocre jaune, de rouge indien et d'ombre brûlée sur le plafond pour adoucir les volumes et les couleurs. Ce glacis mordoré, couché à mi-hauteur du tableau et jusqu'au plafond, harmonise l'ensemble.

6 ◀ Corrigez vos erreurs ou estompez les lavis avec une éponge humide ou du papier absorbant. Ne tamponnez pas à l'excès pour éviter un résultat trop terne ; ne superposez pas trop de lavis, les pigments risquant de devenir « sales » ; limitez-en le nombre ... la contrainte de laver une couleur trop épaisse vous sera ainsi épargnée !

Matériel

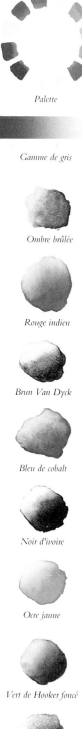

Palette

Gamme de gris

Ombre brûlée

Rouge indien

Brun Van Dyck

Bleu de cobalt

Noir d'ivoire

Ocre jaune

Vert de Hooker foncé

Terre verte

Pinceau en martre n° 7

Pinceau en martre n° 9

Étape intermédiaire

Les simples aplats de couleur mate se sont fondus dans des tons harmonieux. À ce stade, il y a juste ce qu'il faut de peinture pour recouvrir le papier.

Les étoffes chamarrées et le mobilier sont rendus par quelques vifs traits colorés pour créer des motifs d'un bel effet.

Un fin glacis teinte insensiblement la pièce, voile les contours et les irrégularités des objets.

7 ▶ Apprécions la variété des tissus imprimés et des meubles de ce décor. Mélangez un brun Van Dyck et une pointe de bleu de cobalt pour réaliser le motif quadrillé de l'étoffe. Le bleu doit atténuer la chaleur qui se dégage du brun pour créer un lavis légèrement en retrait qui ne dominera pas les détails plus clairs de la scène. Chaque objet est délicatement modelé en différents tons pour garder son individualité tout en se confondant dans la lumière douce. Peignez les détails de chaque tissu avec des couleurs riches et subtiles de façon que les motifs conservent leur particularité. Utilisez un pinceau n° 7 pour traduire ces détails avec sobriété.

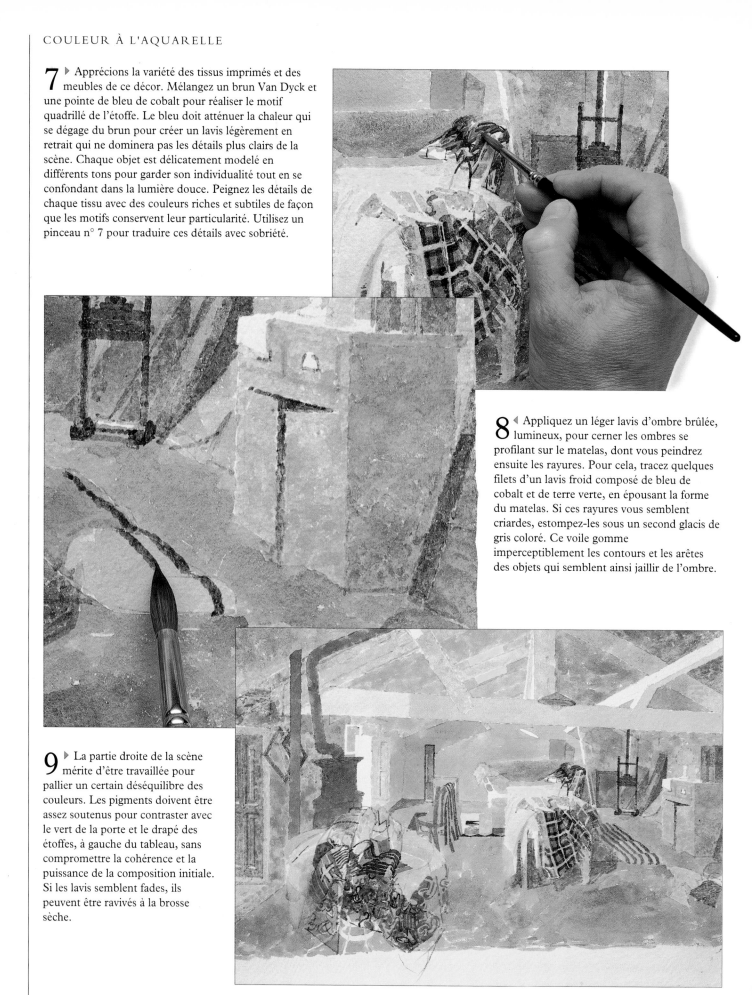

8 ◀ Appliquez un léger lavis d'ombre brûlée, lumineux, pour cerner les ombres se profilant sur le matelas, dont vous peindrez ensuite les rayures. Pour cela, tracez quelques filets d'un lavis froid composé de bleu de cobalt et de terre verte, en épousant la forme du matelas. Si ces rayures vous semblent criardes, estompez-les sous un second glacis de gris coloré. Ce voile gomme imperceptiblement les contours et les arêtes des objets qui semblent ainsi jaillir de l'ombre.

9 ▶ La partie droite de la scène mérite d'être travaillée pour pallier un certain déséquilibre des couleurs. Les pigments doivent être assez soutenus pour contraster avec le vert de la porte et le drapé des étoffes, à gauche du tableau, sans compromettre la cohérence et la puissance de la composition initiale. Si les lavis semblent fades, ils peuvent être ravivés à la brosse sèche.

10 ◀ Appliquez un éclatant lavis de noir d'ivoire pour masquer les détails de la vieille commode et la métamorphoser en un bahut ouvert dont l'intérieur est suggéré par le lavis d'origine. Le trictrac peint avec quelques touches de vert de Hooker saturé vient en rappel du vert de la porte. Ces repeints améliorent l'équilibre des couleurs et des tons, les ombres plus profondes accentuent l'impression de calme. L'ombre imperceptible projetée sur le haut du bahut donne de l'éclat à sa partie basse qui fait écho à la lumière pénétrant par la fenêtre.

DU BON USAGE DE LA GOUACHE

Si vous superposez trop de lavis pour créer une teinte foncée, vos couleurs risquent de ternir et de perdre leur fraîcheur. La gouache, peinture plus opaque que transparente, est parfaite pour gommer ces couleurs maussades. Le coin gauche de ce bahut a été repeint à la gouache et, bien que la densité du pigment soit plus forte, la clarté et la brillance de ce détail l'emportent sur les pâles lavis de droite. La gouache convient également à l'exécution de rehauts sur du papier crème ou légèrement teinté.

Quelques enseignements
Les lavis translucides répandent une délicate luminosité. Les recoins sombres de la pièce baignent dans une douce lueur et des teintes subtiles cernent les objets.

Les tons foncés et les ombres sont ici assourdis. Leurs contours et leurs détails sont plus flous, presque dissous, pour exprimer la profondeur.

Les couleurs douces et chaudes sont rehaussées par des gris colorés, à tendance froide, qui créent l'illusion d'un jeu de cache-cache avec la lumière.

Regards sur LES EFFETS DE LUMIÈRE

L A LUMIÈRE INTENSIFIE ou modifie la teinte, la tonalité ou la température de chaque couleur pour capter un vaste répertoire de sensations enivrantes. Ses effets font d'une composition, banale ou originale, une passionnante étude de couleurs et de tons. L'Américain John Marin interpréta l'incidence de la lumière à l'aide de couleurs pures, sans mélange. En revanche, Thomas Girtin laissa le blanc du papier réfléchir la lumière sur ses lavis crème pour rehausser la luminosité de sa peinture.

Thomas Girtin, *L'Abbaye d'Egglestone*, vers 1797-1798, Oldham, Oldham Art Gallery.
Girtin délaissa les sous-couches de gris au profit d'une lumière se réflétant pour favoriser la transparence. Il s'affranchit de la palette classique, composée de teintes assourdies, pour jouer de couleurs fortes qu'il exploita à merveille en amoureux de la nature. Les accords de bruns et d'ocres chauds créent ici un paysage riche et dense, et les lavis intenses d'un bleu froid restituant les ciels procurent une puissante sensation de clarté.

Ces petites touches sont autant de détails uniques, imprégnés de couleurs pures et de lumière.

La lumière qui envahit la scène est suggérée par un fin lavis de jaune lumineux.

John Marin, *La Seine à Paris*, 1909.
Considéré comme l'un des pionniers de l'aquarelle américaine moderne, il sut assimiler le nouveau dynamisme inspiré du cubisme et du futurisme tout en y intégrant la beauté et l'équilibre de la nature qu'il restitue par petites taches de couleur pure. Le papier blanc cernant chaque ligne rehausse la pâle lueur jaune qui inonde la scène. Les teintes à dominante froide suggèrent la lumière évanescente du soleil couchant se fondant dans le fleuve. Le tableau s'imprègne de réalisme à mesure que les lignes chargées de bleu et de mauve scandent le clapotis de l'eau. À partir de couleurs saturées, Marin obtient dans ses tons un maximum de vitalité et de caractère.

Winslow Homer, *Scène de rue à La Havane*, 1885.
Homer préféra les sujets de plein air, dont il s'évertua à préserver la fraîcheur et la vitalité. L'artiste, doué d'un sens inné de la composition et de la couleur, a étalé un pigment saturé à larges coups de pinceau pour créer une scène puissante. Il a su aussi bien capter les effets du soleil radieux de l'après-midi sur le drapé d'une toilette féminine que les larges ombres découpées par un store et une enfilade de maisons. Celles-ci, d'un jaune chaud, reflètent le soleil de braise qui emplit toute la rue d'une douce torpeur méridienne. Quelques touches de rouge saturé avivent la scène tandis que les lavis pâles donnent la lumière.

Sue Sareen, *Chat au soleil dans une cuisine*.
Les scènes de la vie domestique peintes par Sareen sont de prodigieuses études sur les variations de couleur, de tonalité et de jeux de lumière sur les surfaces et les lignes. Le dessus de la table et le sol deviennent des aplats de couleur créant espace et lumière, équilibrés par un épais lavis de jaune chaud qui confère sa définition à la scène. Les ombres perdent peu à peu leur clarté et s'allongent pour donner une impression de lumière languissante. Le chat, peint à la brosse sèche dans le ton le plus foncé de la scène, attire d'emblée notre regard.

Hercules Brabazon, *Bénarès*, vers 1875-1876, Londres,
Victoria and Albert Museum
Brabazon capta avec force la lumière naturelle et ses effets à l'aide de touches très rapides. Il allia son talent à une exquise sobriété de détail et de forme. Sa sensibilité s'exprime ici où le caractère impressionniste des détails s'ajoute à la sensation de chaleur sèche, écrasante, et le ciel d'un bleu intense trouve un écho dans les eaux du Gange.
Les clairs lavis beiges évoquent les constructions aux murs blanchis par les rayons ardents du soleil, et les ombres d'un brun foncé soulignent l'éclat de la lumière tout en suggérant une profondeur. Quelques pointes de blanc de Chine, confèrent force et brillance aux détails.

Brabazon sut choisir des pigments parfaits pour saturer sa peinture de soleil et de couleur. Fidèle aux impressionnistes, il capte ici la sensation d'une lumière éblouissante.

Les lavis forts, saturés de vert et de bleu éclatants, sont brisés par les détails vivement colorés des figures approchant la rive.

VUE SUR UN ÉTÉ TORRIDE

L A « TEMPÉRATURE » de la couleur joue ici un rôle prépondérant. La lumière du soleil radieux affecte l'aspect de toute couleur (voir p. 31), au point que ces teintes chaudes semblent noyées de soleil, encore rehaussées par le contraste des ombres. La nette distinction entre lumière et parties ombrées dans cette scène est obtenue en isolant les couleurs chaudes et froides sur la palette et en appliquant chaque pigment dans toute sa pureté.

Exécutez un premier jet pour définir les dominantes chaudes et froides du tableau.

1 ▲ Préparez l'ébauche de la composition sur du papier à grain fin, à l'aide d'un gros pinceau n° 14 et d'un doux lavis de violet de cobalt. Cela permet d'évoquer un sentiment de liberté et d'espace.

2 ▲ La végétation est peinte avec des couleurs saturées - bleu de céruléum et jaune citron - pour traduire la sensation de chaleur. Ces teintes fortes, mais froides, créent un effet d'éloignement et s'harmonisent en un vert frais et vif.

3 ◀ Développez plusieurs plages distinctes de couleurs chaudes et froides pour accentuer les contrastes. Ajoutez un soupçon de rouge de cadmium et de jaune de cadmium pour obtenir un lavis rouge-orangé qui suggérera le dallage du balcon. Peut-être faudra-t-il appliquer plusieurs couches de lavis clairs avant de trouver la bonne intensité.

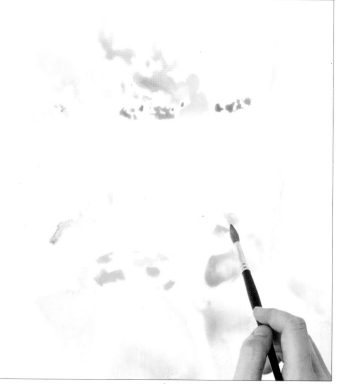

4 ▶ Donnez de la profondeur à la végétation avec du bleu de céruléum mélangé à du jaune citron. Espacez vos touches de façon que le blanc du papier reste apparent par endroits et n'hésitez pas à saturer chaque couleur. Veillez à ce que les lavis restent bien humides pour pouvoir corriger si vous travaillez à l'extérieur.

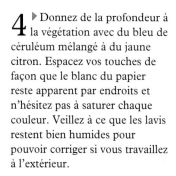

5 ▲ Prenez un pinceau moyen n° 7 pour réaliser quelques détails comme ce coussin de chaise. Mais attention ! Une couleur forte, comme le jaune de cadmium, peut, utilisée en excès, dominer la scène ou, étalée trop épaisse, perdre sa luminosité.

6 ▲ Appliquez un lavis d'outremer et de violet de cobalt sur le montant de la porte pour suggérer des ombres. Ce violet complète les jaunes du décor, tandis que l'outremer possède la fraîcheur idéale pour rehausser les couleurs chaudes.

8 ▲ Semez quelques taches de rose permanent saturé avec un petit pinceau n° 4 pour donner du relief au feuillage vert. Ajoutez quelques traces de couleur plus intense si nécessaire.

7 ▲ Appliquez un léger lavis de jaune de cadmium pur de part et d'autre du balcon avec quelques réserves de blanc pour évoquer le soleil au zénith. Une préparation de jaune et de rouge de cadmium donne un ton jaune-orangé pour coiffer quelques dalles claires. Poursuivez cette superposition de lavis sur le sol jusqu'à l'obtention de l'intensité et de la chaleur souhaitées.

Matériel

Palette

Gamme de gris

Jaune citron

Jaune de cadmium

Violet de cobalt

Bleu de céruléum

Rouge de cadmium

Outremer

Rose permanent

Pinceau en fibres synthétiques n° 4

Pinceau en martre n° 7

Pinceau mélange martre-fibres synthétiques n° 14

Les tons violets du plafond créent une ombre délicate.

Un trait de jaune de cadmium exacerbe les effets de la lumière solaire directe.

Étape intermédiaire

La végétation est rendue par petites touches vives, laissant le blanc du papier se mêler aux teintes fragmentées. Le ciel, traité en un lavis bleu pâle, nous renvoie le soleil éblouissant de midi qui blanchit toute couleur.

Les vitres sont suggérées avec un lavis froid de bleu de céruléum pour restituer la réflexion du soleil.

Les ombres du balcon sont traitées dans des accords de couleurs froides, mais le montant de porte est peint avec un lavis violet légèrement plus chaud qui le place au premier plan et suggère la perspective.

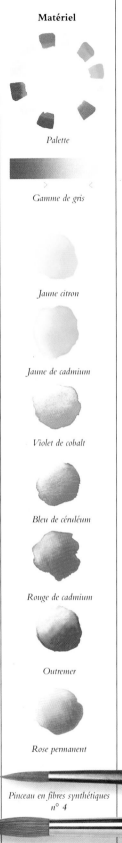

9 ▲ Fignolez la chaise en vous servant des réserves de blanc du papier pour suggérer le métal. Appliquez au pinceau fin un lavis d'outremer sur les parties sombres du pied. Utilisez des pigments assez soutenus pour les détails. N'appliquez pas trop de couches sous peine de compromettre la netteté de l'objet.

10 ▲ Rapprochez le sol du balcon en passant au pinceau moyen un lavis plus profond de rouge de cadmium et de jaune de cadmium sur le dallage. En fragmentant ce dernier, vous laisserez transparaître les parties plus claires. Sans changer de pinceau, tracez quelques bandes de bleu de cobalt soutenu sur la nappe pour lui donner mouvement et vie.

11 ▲ Si les contrastes de température vous semblent insuffisants, repeignez les ombres avec un lavis de bleu plus froid. Appliquez au pinceau moyen quelques touches fluides de bleu de céruléum pur sur les vitres pour accentuer la fraîcheur des reflets et creuser les ombres courtes dessinées par le soleil. La réverbération de la lumière doit naître de contrastes simples, mais bien tranchés.

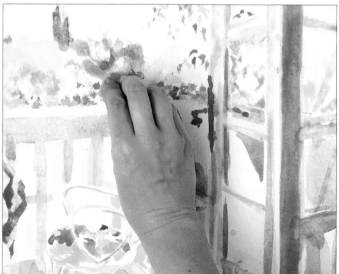

12 ▲ Estompez les lavis trop soutenus avec une éponge ou du papier absorbant. Laissez sécher parfaitement la couche qui vient d'être épongée avant de repeindre pour éviter les effets indésirables.

Éponge

13 ▲ Utilisez le petit pinceau pour reprendre quelques détails ou appliquer une nouvelle couleur. Si la chaise a tendance à se fondre dans la composition, appliquez un lavis frais de bleu de céruléum pour refroidir les ombres.

14 ▲ Soyez léger dans les ultimes touches pour préserver fraîcheur et transparence. Terminez par un lavis de rouge de cadmium qui donnera de la profondeur au dallage.

Quelques enseignements

Les formes négatives et les ombres permettent au blanc du papier de révéler la lumière intense du soleil. Les couches de pigments forts, plus intenses que les pâles lavis clairs, traduisent l'éclat du soleil et la vivacité de la couleur. Les nuances de bleu et de violet complètent les tons chauds de jaune et d'orange tout en les exaltant, et ces accords accentuent la luminosité de chaque teinte.

Ne peaufinez pas les détails ; contentez-vous de les suggérer par de larges touches sobres.

Les multiples lavis de jaune de cadmium et de rouge de cadmium profilent sur la terrasse une riche mosaïque de couleurs flamboyantes.

Ces dalles se nuancent de carnations violacées à mesure qu'elles s'avancent dans la fraîcheur de l'ombre.

HARMONIES AUTOMNALES

C E PAYSAGE D'AUTOMNE puise sa richesse et sa profondeur dans un vaste répertoire de contrastes. L'atmosphère automnale est rendue par les tons mordorés de l'arbre qui se dresse avec vigueur au milieu des bleus fuyants des collines et du ciel. La ligne d'horizon contribue à procurer une puissante impression de perspective aérienne.

Exécutez quelques croquis en extérieur pour étudier la perspective créée par les teintes chaudes et froides.

Jouez avec les quatre dominantes chromatiques - bleu de cobalt, Sienne naturelle, Sienne brûlée, vert olive - pour découvrir toutes les nuances.

1 ◁ Ébauchez le sujet avec de simples touches de bleu de céruléum, de Sienne naturelle et de bleu de cobalt sur du papier à grain moyen avec un pinceau n° 6 pour donner au paysage sa « température » sans souiller le papier.

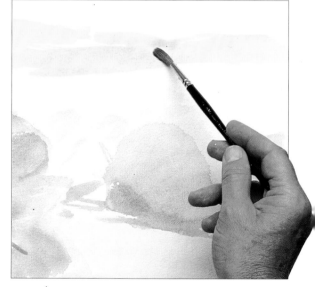

2 ▲ Étalez négligemment un lavis froid et lumineux, composé d'auréoline et de Sienne naturelle pour les collines à l'horizon. Travaillez peu à peu les vallonnements par couches successives de fin lavis.

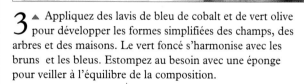

3 ▲ Appliquez des lavis de bleu de cobalt et de vert olive pour développer les formes simplifiées des champs, des arbres et des maisons. Le vert foncé s'harmonise avec les bruns et les bleus. Estompez au besoin avec une éponge pour veiller à l'équilibre de la composition.

4 ▷ Ajoutez des teintes chaudes - garance brune, Sienne naturelle et Sienne brûlée - pour suggérer les feuilles de l'arbre du premier plan. Appliquez de vigoureuses épaisseurs de lavis pour contraster davantage les teintes froides environnantes. Travaillez sa forme à grandes touches souples pour créer de belles envolées de couleur... sans oublier que suggérer importe bien plus que détailler.

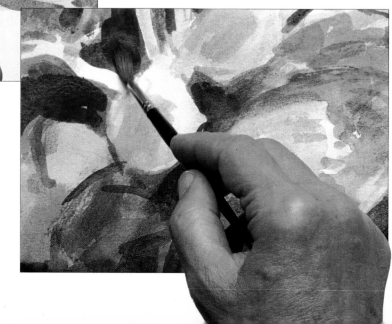

5 ◁ Délimitez au pinceau fin n° 5 les champs à l'horizon avec un pâle mélange de bleu de céruléum et d'indigo. Peignez les arbres qui se dressent au loin avec des bleus soutenus et fuyants pour suggérer la profondeur, puis silhouettez les sapins du deuxième plan avec des mélanges de vert olive et d'indigo. Poursuivez avec des lavis de garance brune et d'ocre jaune sur le fond.

Matériel

Palette

Gamme de gris

Bleu de cobalt

Sienne naturelle

Sienne brûlée

Bleu de céruléum

6 ▷ Harmonisez le paysage en voilant par endroits les champs bleus et jaunes d'un fin lavis vert olive pour moduler l'intensité de chaque pigment. Les détails du lointain doivent rester vagues et dilués pour renforcer la perspective.

Auréoline

Garance brune (alizarine)

Sépia

Vert olive

Étape intermédiaire
Les teintes des feuilles mortes trouvent un écho affaibli dans les maisons et les buissons voisins ; à ces harmonies de couleurs vives projetées au premier plan s'opposent des bleus fuyants.

La tonalité de la composition repose sur quatre couleurs principales qui s'exaltent mutuellement.

Les lavis plus ténus du fond créent l'illusion d'espace et de profondeur.

7 ▷ Appliquez au pinceau fin du bleu de cobalt et du bleu de céruléum entre les maisons pour créer des effets de lumière et des ombres bien nettes et translucides.
Appliquez quelques lavis supplémentaires de vert olive saturé pour souligner la profondeur des arbres et les détacher des ombres bleu foncé.

8 ◁ Dessinez sommairement les vaches avec un lavis sombre de sépia relevé de bleu de cobalt. Étudiez leurs proportions sur du papier à grain torchon avant de les peindre pour ne pas fausser la perspective linéaire.

9 ▷ Pour rectifier au besoin un détail, décollez la peinture avec une éponge propre et mouillée. Si la couleur est déjà sèche, prenez un pinceau neuf plongé dans de l'eau claire pour humidifier la surface du papier.

10 ◁ Veillez à ce que la partie épongée sèche sans abîmer le papier ni troubler l'intensité des autres lavis. Lorsque le papier est parfaitement sec, peignez toutes les parties sombres dans leur couleur d'origine, puis, avec un pinceau moyen, passez un lavis transparent de bleu de céruléum pour faire apparaître les arbustes et les buissons.
Ce pigment protège la fraîcheur qui se dégage de l'ensemble du paysage tout en enrichissant les bruns chauds qui enveloppent l'arbre central.

11 ▲ Laissez sécher les lavis foncés avant de détailler les vaches. Utilisez un glacis de peinture acrylique blanche avec un pinceau très fin n° 1 pour rehausser les détails. Appliquez simplement une fine couche afin de pouvoir y superposer un autre lavis. Le mince lavis de noir passé sur la robe des vaches renforce l'impression des ombres froides projetées par l'arbre.

12 ▷ Appliquez de fins lavis en plusieurs endroits du paysage pour l'harmonie générale. Mélangez du bleu de céruléum et du bleu de cobalt pour approfondir les ombres et recréer ainsi l'ambiance d'une claire et fraîche journée d'automne. La silhouette imposante de l'arbre du premier plan doit se dresser sur le fond et dominer la scène.

Éponge

Pinceau en martre n° 1

Pinceau en fibres synthétiques n° 5

Pinceau en martre n° 6

Quelques enseignements

L'étrange perspective aérienne et panoramique de ce tableau est accentuée par de vifs contrastes de couleurs qui guident notre œil parmi les tons chauds et froids. C'est en maîtrisant les lois fondamentales de la perspective et en jonglant avec les lavis froids de couleur pure que l'on restitue ces variations de lumière.

Les bruns et les roux flamboyants font de cet arbre le point culminant du paysage.

Un ultime glacis fin donne à la scène son unité et son équilibre tout en préservant sa transparence.

Regards sur Les Peintures d'Atmosphère

L E POUVOIR DE CAPTER toutes les variations et les subtilités de l'atmosphère, apanage de l'aquarelle, tient autant à la fluidité qu'à la maniabilité de cet art. Winslow Homer rafraîchit son éclatante palette pour annoncer l'imminence d'une tempête tropicale. Edward Hopper, lui, s'inspire de lavis soutenus de couleurs resplendissantes et d'ombres bien marquées pour traduire sur le papier l'intense luminosité de la nature.

Noel McCready, *Pluie dans le Northumberland.*
Cette composition traduit le tumulte d'une averse orageuse. S'inspirant des estampes japonaises, McCready capte le silence particulier du paysage. L'effet de profondeur derrière le rideau de pluie, exécuté avec une plume, est accentué par l'emploi de couleurs chaudes à l'arrière-plan et de bleus foncés dans le lointain. Ce sentiment de doux rayonnement de la nature et d'obscurité menaçante naît des puissantes associations de couleurs saturées.

Samuel Palmer, *Le Pommier magique*, 1830.
Son œuvre frappe par son interprétation pastorale et bucolique de la nature, comme le dénotent ses paysages richement composés. Les jaunes et les bruns chatoyants de ce tableau incarnent la beauté et les vertus primordiales de la vie rustique. Remarquez le saisissant contraste qu'offre la douce chaleur de la vallée avec le ciel orageux.

Le clocher de l'église, point fort de la scène, est entouré de vives teintes automnales dominées par un orange intense.

Palmer s'attacha particulièrement à décrire la générosité et la fertilité de la terre nourricière par l'utilisation de couleurs riches.

Winslow Homer, *Palmiers à Nassau*, 1898.

À mesure que sa carrière évolue, Homer préfère la transparence de l'aquarelle à la gouache. La lumière des Caraïbes l'oriente vers une palette plus lumineuse et une plus grande fluidité dans la pratique. Les couleurs soutenues de ce sujet resplendissent, même si elles expriment la grisaille du ciel et la violence du vent. La puissance de la composition est accentuée par le bleu exotique de la mer et les touches amples, balayées et sombres des feuilles de palmier. Les lavis de bleu saturé et franc s'assombrissent et se font plus froids à l'horizon pour créer une illusion de profondeur et de perspective, tandis que les petites touches de pigments variés, au premier plan, fusionnent pour réchauffer la plage. Cette alliance de couleurs chaudes tranche avec l'immensité du ciel qui domine toute la composition de sa lumineuse transparence.

Sine Davidson, *Café italien*.

Dans cette scène inondée de lumière, le peintre a eu recours à trois teintes principales. L'architecture du lieu et les arabesques des chaises sont rendues par des taches spontanées et simples de couleurs pures qui prévalent sur la réalité des formes. Les touches individuelles de pigments saturés se fondent en une fantaisie multicolore. Les ombres bien découpées des parasols et les pigments soutenus créent un prodigieux contraste avec la blancheur du papier, et se prêtent à une fantastique débauche de couleurs.

Le rayonnement du soleil métamorphose ces édifices familiers en une architecture d'une monumentale beauté. Il transforme certaines parties en larges plans plats et lisses, d'une remarquable luminosité.

Edward Hopper, La Tour de Saint-François, 1925.

Hopper fut le peintre des objets artisanaux et de l'architecture urbaine. Ses personnages sont souvent isolés dans des intérieurs d'un extrême dénuement ou laissés pour compte au coin d'une rue déserte. Hopper travaillait toujours d'après nature, percevant très finement la structure et la lumière qui influencent l'aspect, la couleur et la surface de ses sujets. Les ombres méridiennes renforcent ici la sensation de solitude et la lumière intense est accentuée par le contraste de l'ocre chaud avec les nuances de bleu. L'absence de mouvement plonge toute la scène dans un silence de mort. Les lavis saturés sont peints avec un réalisme épuré, sans artifice, traduisant la masse imposante de l'architecture de pierre et la lumière d'une extrême intensité.

LA COULEUR EXPRESSIVE

LE VISAGE DÉVOILE une nouvelle complexité de formes, de reflets et de couleurs. Les contrastes clair/obscur peuvent être exagérés pour exprimer le caractère ou l'humeur d'une personne, faire ressortir un aspect émotionnel ou culturel du sujet. L'emploi parcimonieux de coloris permet de faire du portrait non une simple transposition objective de la réalité, mais une interprétation expressive, pleine de vitalité et de personnalité. La pauvreté de la palette va de pair avec la richesse et l'efficacité du rendu.

Effets de lumière froide
Les reflets sur la peau revêtent un aspect émotionnel et les ombres sont plus accusées, anguleuses. Les couleurs vives, qui mettent en valeur la fraîcheur du sujet, ont un rendu plus moderne.

Couleurs insolites
Les lavis d'outremer et de vert Winsor suggèrent une ambiance expressive. Les pigments purs sont mélangés sur le papier pour conserver un maximum de force et de luminosité.

Les lavis composés d'outremer et de vert Winsor révèlent des ombres fuyantes, empreintes d'une force exceptionnelle.

Effets de lumière chaude
Elles créent des tonalités dorées et irisées qui influencent chaque couleur et rehaussent le teint naturel de la peau. Les ombres s'adoucissent mais restent parées de reflets étranges offrant des nuances raffinées.

Ces rehauts sont exécutés avec des lavis d'orange de cadmium, d'alizarine cramoisie et de Sienne naturelle.

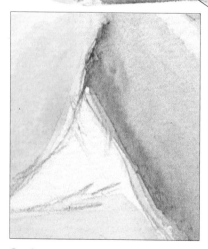

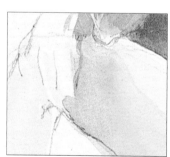

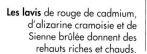

Couleur et expressivité
Ces contrastes donnent vie à la composition et lui confèrent un mouvement qui redéfinit la forme et la structure du corps en des plans forts, aux couleurs hardies.

Des pigments translucides
On les superpose sur le papier pour rendre la transparence de la peau et la sensation de douce chaleur baignée de lumière.

Les lavis de rouge de cadmium, d'alizarine cramoisie et de Sienne brûlée donnent des rehauts riches et chauds.

Les lavis d'outremer, de vert Winsor et de Sienne brûlée foncée créent des ombres d'une grande subtilité.

Couleur et interprétation de la forme

Ces teintes puissantes suggèrent plus qu'elles ne décrivent la forme et le détail. Quelques aplats relevés de touches sombres suggèrent la profondeur.

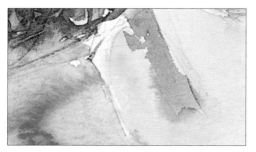

Ombres franches

Les ombres encadrant le cou ont une couleur soutenue, aussi mate et expressive que les lavis du visage. La fraîcheur du vert pousse les ombres légèrement en retrait par rapport aux pigments rouges et jaunes, plus saillants.

L'influence de la culture

L'étude de ce visage (voir p. 56-57) exagère certains de ses traits pour dévoiler ses origines indiennes à l'aide de couleurs fort évocatrices ; l'intensité et la pureté de ces teintes accusent les rapports étroits entre culture et symbolique des couleurs.

Ce lavis violine résulte d'un mélange d'outremer et d'alizarine cramoisie.

Ces pigments purs de rouge de cadmium et de jaune de cadmium sont appliqués en touches souples et diluées.

Les rouges et les violets riches contrastent avec les lavis verts et jaunes.

Couleurs riches

Une palette restreinte de coloris soutenus accentue l'impact du sujet. Cette peinture souligne la jeunesse de la jeune fille, grâce au choix des couleurs qui, portées à leur saturation maximale, ont une résonance particulière.

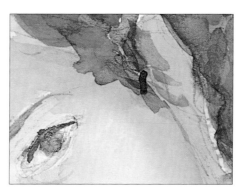

Couleurs rehaussées

Le visage est sculpté avec des pigments purs qui gardent un pouvoir colorant optimal. Le fond, traité en un intense lavis d'outremer, accentue les lavis de rouge de cadmium et de jaune de cadmium.

L'influence de la couleur

La profondeur et le modelé du visage sont aussi rendus par des lavis froids, verts, composés de jaune citron et de bleu Winsor. La robe, harmonie d'alizarine cramoisie et d'outremer, ainsi que les lavis verts complètent les teintes jaunes et rouges du tableau.

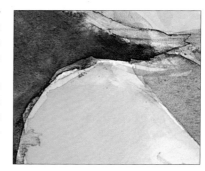

La palette, restreinte, de coloris frais et saturés crée une dynamique.

Ces lavis intenses de couleurs analogues s'exaltent mutuellement.

LE PORTRAIT

La lumière met en valeur les riches carnations de la jeune fille.

L'UTILISATION DE LA COULEUR, appliquée ici à l'art du portrait, offre un point de vue intéressant. La fluidité, la finesse et la transparence de l'aquarelle se conjuguent aux lavis de couleur quelque peu artificielle, très expressive, pour traduire la jeunesse du modèle, la chaleur et la richesse de l'atmosphère. Ce buste d'enfant, placé sous une lumière vive, offre des ombres délicates qui modulent le galbe du visage et qui permettent aux couleurs environnantes de se refléter sur les tons moirés de la peau.

1 ▲ Esquissez les traits et les proportions du modèle, sans détails. Préparez un léger lavis de rouge de cadmium, d'ombre naturelle et d'ocre jaune que vous brosserez rapidement en larges traces sur le papier avec un pinceau n° 14 afin de suggérer le teint mat.

2 ▲ Passez au pinceau n° 7 un mélange de brun Van Dyck et de rose permanent pour modeler les cheveux à grands traits vifs, en virgule, en ajoutant de l'oxyde de chrome pour refroidir et accentuer le relief. La superposition progressive de ces couches de peinture fait apparaître un vaste répertoire de nuances, du clair au sombre, qui donne à la chevelure son volume et sa légèreté.

3 ▲ Étalez au pinceau moyen un mélange de rouge de cadmium et d'ocre jaune autour du cou et sur le buste pour révéler les nuances de la chair. Dessinez le menton, qui doit se détacher sur les ombres du cou ; une pointe d'oxyde de chrome rend le lavis plus profond et le place légèrement en retrait du menton saillant.

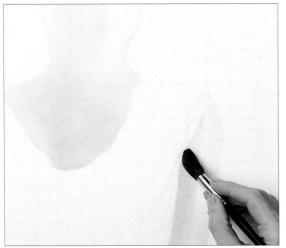

4 ◀ Développez le contraste clair / sombre sur le visage avec un lavis d'ocre jaune et de rouge de cadmium. Travaillez autour des parties sombres en appliquant la couleur uniformément. Pour suggérer la transparence, laissez le blanc du papier se refléter dans les lavis. Évitez les touches irrégulières. Utilisez un pinceau propre et mouillé pour estomper et obtenir des tons fondus.

5 ▲ Prenez un pinceau fin n° 2 pour l'arrondi et le détail des yeux. Passez un lavis très diffus de bleu de céruléum sur le blanc de l'œil pour suggérer les reflets de la lumière. Commencez par des tons clairs qui seront peu à peu assombris pour rechercher la profondeur.

6 ▲ Précisez le galbe des lèvres avec un pinceau n°7 par touches plus ou moins diluées de rouge de cadmium et de rose permanent. Atténuez leur contour à l'aide d'un pinceau propre et humide ; elles doivent se confondre avec le reste du visage.

7 ▲ Peignez les ombres et les dépressions cernant la bouche pour accentuer sa définition sans exagération. Préparez un mélange subtil d'oxyde de chrome, d'ombre naturelle et d'ocre jaune pour obtenir un lavis froid qui donnera relief au creux du menton.

8 ◀ Le corsage, orné de motifs simples, est peint au bleu de céruléum, au rouge de cadmium et au jaune de cadmium purs. Utilisez du rose permanent coupé d'une pointe de blanc de Chine pour obtenir une couleur pastel opaque. Efforcez-vous de styliser ce vêtement sans vous égarer dans les détails.

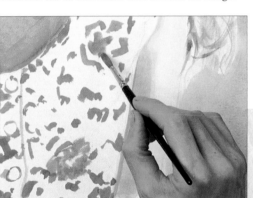

Quelques enseignements
L'éclairage puissant définit le caractère du tableau et accentue les jeux de contraste clair / sombre du visage et du cou. Une lumière moins intense aurait sans doute produit un effet plus délicat, davantage modelé. Les tons de la chair sont influencés par l'éclairage et les autres teintes. Cette couleur joue également sur les rehauts de la chevelure. Les contours trop nets cèdent les pas aux lavis chauds et froids qui mettent en relief le visage.

Les saillies du visage sont rendues par des lavis composés de rouge de cadmium qui réchauffent les pigments et les rapprochent.

Ombres et dépressions sont peintes avec des lavis plus foncés à dominante froide qui favorise l'effet de profondeur et de contraste.

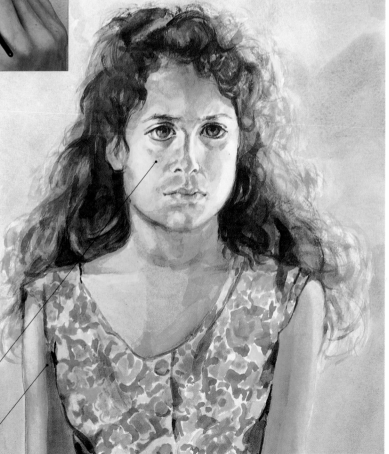

Palette

Gamme de gris

Brun Van Dyck

Ombre naturelle

Ocre jaune

Jaune de cadmium

Oxyde de chrome

Bleu de céruléum

Rose permanent

Rouge de cadmium

Pinceau en martre n° 2

Pinceau en martre n° 7

Pinceau à lavis en fibres synthétiques n° 14

COULEURS ET MOTIFS

ANS UN TRAVAIL qui ne serait pas d'un réalisme purement descriptif, insister sur le motif et la forme confère à la couleur plus d'expressivité et d'originalité. La couleur elle-même peut devenir un thème récurrent, idéal pour capter la lumière, le contour d'un objet et en suggérer les formes. Leur stylisation et la répétition des motifs sont aussi sources d'images fortes, vivantes et rythmées. Pureté des couleurs et répétition des formes sont sans conteste deux atouts de choix pour renforcer l'expression et le lyrisme d'une œuvre.

Jongler avec les formes et les couleurs
Étudions une nature morte constituée de multiples objets disparates dont les formes se font inlassablement écho. Les couleurs se réfléchissant comme dans un jeu de miroirs, sans refléter la teinte réelle de l'objet, caractérisent le mouvement.

La thématique de la couleur
La couleur de l'éclairage peut affecter le caractère et l'expression d'une composition. On retrouve ici la même nature morte, cette fois imprégnée d'une lumière bleutée et froide qui altère le caractère et le détail de certains objets tout en offrant un motif visuel particulièrement incisif.

Souligner la forme
Cette peinture renvoie et schématise les effets de la chaude lumière orangée sur chacun des objets tout en accentuant leurs ombres. Voyez comment la répétition des formes et des lignes dessinent un motif qui capte le regard, motif encore rehaussé par une gamme restreinte de coloris forts, mais simples.

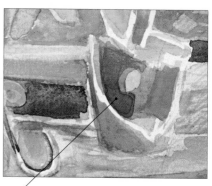

Ces formes négatives et ces ombres foncées marquent le mouvement et la profondeur.

Cercles, courbes et volutes se répètent dans une harmonie géométrique. Les traits verticaux opposés aux plans horizontaux de couleur mate confèrent l'équilibre.

Motifs stylisés
L'emploi des couleurs franches et mates suggère forme et volume. Il suffit de trois couleurs fortes pour créer un dessin répétitif, servant à la fois aux formes positives et aux formes négatives.

Peindre de mémoire ou renverser une image peut permettre de réduire les objets à leur forme la plus pure.

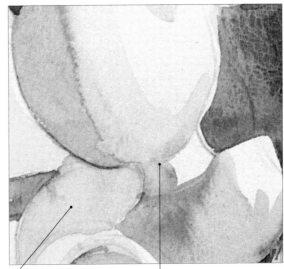

Sur ce détail, l'objet perd sa forme et sa profondeur pour devenir une surface plane de couleur récurrente.

La palette, délibérément limitée à trois dominantes chromatiques, renforce l'impact visuel du sujet.

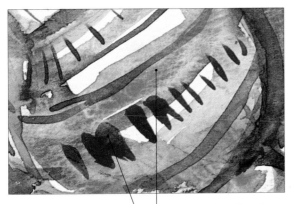

Ces touches arbitraires créent un motif stylisé qui constitue le lien le plus flagrant avec le vase original.

La gamme de couleurs fortes, froides et expressives confère force et caractère.

Atmosphère
On cherche ici à saisir l'ambiance de la nature morte de droite. Les lignes et les formes, produites par l'interaction de nouvelles teintes froides, sont mises en relief ; en revanche, la relation et la disposition des objets dans la composition initiale sont abandonnées.

Verts et bleus
froids - terre verte et bleu de cobalt - se mêlent au rouge indien.

Unité de couleur
La nature morte initiale est disséquée en un bric-à-brac d'objets toutefois semblables par leur forme. Le rythme marqué par quelques teintes répétées gomme les disparités.

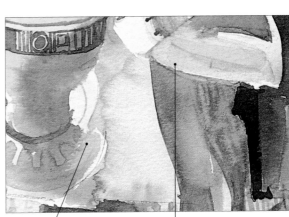

Ces teintes fortes, répétées, unifient les formes individuelles.

Rouges et verts complémentaires s'exaltent.

Les objets deviennent des masses flottantes, fortement stylisées.

MOTIFS ET PAYSAGES

Cette peinture est tirée d'une série d'études de verrières réalisées sur le thème de la chute d'eau.

L'UTILISATION DU MOTIF DÉCORATIF et de l'effet de texture dans un tableau permet d'exploiter tout le potentiel de la couleur pure et expressive. Cette œuvre est composée d'une cascade de formes, de lignes et de tonalités récurrentes, toutes dictées par la seule couleur. La grande variété de touches crée un effet de tapisserie, une trame de points et de lignes fantaisies. Ce paysage s'inspire d'un vitrail représentant une chute d'eau, mais vous pouvez laisser parler votre imagination pour associer formes négatives et texture à l'aide de couleurs originales qui exprimeront votre vision et votre interprétation personnelle.

1 ◀ Cette composition est un véritable exercice de style alliant vitesse d'exécution et fluidité de la touche pour tisser toute une trame de motifs improvisés. Passez un premier lavis foncé de bleu de Prusse, de sépia et de rouge de cadmium avec un gros pinceau chinois. Balayez la surface du papier. Faites gicler çà et là quelques gouttes de peinture pour créer des effets de taches et d'éclaboussures.

2 ◀ Effleurez le papier pour en faire ressortir le grain par endroits. Mélangez du bleu de cobalt et du bleu de Prusse pour suggérer un ciel tourmenté. N'hésitez pas à employer des lavis forts et colorés. Préservez la fraîcheur du tableau, allégez votre touche et limitez le nombre de couleurs différentes.

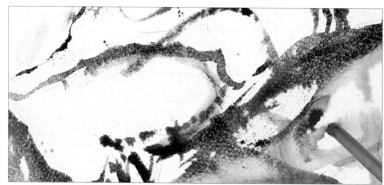

3 ◀ Mariez vos taches et filets colorés avec un lavis d'ocre jaune et de bleu de cobalt. Cette fusion crée un effet de mousse velouteuse. Ajoutez au hasard quelques touches de couleurs au pinceau n° 7 par la technique humide sur humide.

4 ▶ Ajoutez dans le lointain quelques pointes de carmin pur pour contraster avec la montagne et donner un ton un peu surnaturel. Tandis que le lavis se dépose sur la surface du papier à grain torchon, étalez-le avec un petit pinceau chinois pour obtenir des formes et des lignes abstraites. Il en résulte un motif à deux dimensions, remarquable par la force et la pureté de ses couleurs.

5 ◀ Bordez les dentelures de la montagne d'un épais liséré de bleu de Prusse profond et saturé avec un gros pinceau. Essayez de le tenir à la verticale en évitant les touches trop minutieusement posées. Partez du sommet de la cascade et faites glisser irrégulièrement votre pinceau le long de la montagne aussi loin que possible pour dérouler une longue frange de couleur sur toute la hauteur du papier.

6 ▲ Humidifiez le pan gauche du tableau, puis posez de l'ocre jaune au pinceau moyen de façon que chaque touche se métamorphose en une forme imprécise qui s'étale librement sur le papier.

Quelques enseignements

Les motifs de pigments foncés, parsemés sur le papier, produisent des formes négatives et donnent relief à la montagne. Des zones de couleur rompue font écho aux motifs du paysage tout en créant de superbes alliances de couleurs.

Tout le paysage est bâti autour d'un motif décoratif récurrent, émaillé d'une multitude de points et de lignes.

La couleur précise les motifs inhérents à la nature.

La force de chaque teinte est accentuée par les réserves de blanc.

Matériel

Palette

Gamme de gris

Ocre jaune

Sépia

Rouge de cadmium

Carmin

Bleu de cobalt

Bleu de Prusse

Éponge

Pinceau en martre n° 7

Petit pinceau chinois

Gros pinceau chinois

Regards sur
LES MOTIFS
ET LES FORMES

C'EST EN PASSIONNÉS du motif et de la forme que ces artistes se sont affranchis des carcans du réalisme pour célébrer la plénitude de la forme et de la couleur pures. Le peintre anglais John Sell Cotman peignit ses détails enchevêtrés avec de subtiles teintes sombres qui contrastent avec les compositions rythmées, hautes en couleur de Sonia Delaunay.

Les ombres douces et lumineuses se répètent pour suggérer la profondeur. Les détails de la structure, fort simplifiés, sont mis en relief par une couleur éclatante.

Certaines parties du tableau révèlent des couleurs diffuses et des formes à peine suggérées. Cotman préféra ne pas noyer sa composition dans des détails.

John Sell Cotman, *Le Portail du réfectoire, prieuré de Kirkham, Yorkshire,* **1804,** Londres, Courtauld Institute Galleries.
Les éléments du paysage prennent forme grâce aux jeux d'ombre et de lumière qu'offrent les silhouettes sombres se découpant sur les zones de clarté. Les feuilles vert foncé qui serpentent sur le mur de droite créent un motif décoratif délicatement rythmé, tandis que des couleurs brillent, à gauche, dans l'obscurité. Le détail de l'édifice, sur la droite, apporte de la définition à la composition. Le lavis lumineux et mat qui domine le coin supérieur gauche du tableau est aussi découpé en un motif superficiel né de l'évocation à peine perceptible de la pierre de taille.

Les lavis d'un jaune lumineux, complétés par les ombres bleues, suggèrent l'or jeté sur la peau par le soleil.

La composition est envahie par un tourbillon de cercles et d'éclats de lumière.

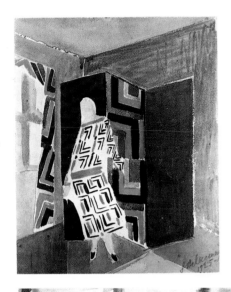

Sonia Delaunay, *Femme*, 1925.

Ses œuvres célèbrent la modernité de la couleur pure et développent un style expressif alliant formes géométriques abstraites et pureté des pigments. Ses coloris et leur impact direct, qui libère l'œil de manière extraordinaire, engendrent rythme et mouvement. La richesse des rouges dynamise les motifs, tandis que les abstractions géométriques et les ombres se font inlassablement écho sur toute la peinture.

Rachel Williams, *La Vallée en contrebas*

Cette œuvre illustre la manière dont motif et forme se conjuguent en une pure stylisation. Les montagnes et les arbres sont réduits à leur expression symbolique. Les bleus fuyants, les verts chauds et les jaunes imposent la forme et le tempo plus qu'ils ne suggèrent la profondeur. Les touches incurvées et les motifs des formes stylisées rappellent les rythmes de la nature et impriment à la composition mouvement et énergie. La rivière se métamorphose en un plan de couleur simplifié à l'extrême, une ligne de force qui mène le regard vers une symphonie confuse de reliefs organiques et de formes simples, parfois exacerbées.

Philip O'Reilly, *La Sieste.*

O'Reilly structure ses compositions en jouant de forts contrastes de couleurs. La perspective exagérée de cette œuvre happe le regard vers les motifs circulaires et les lignes horizontales qui auréolent la belle endormie.
Des zones de couleurs nébuleuses glissent vers les bords du tableau et diffusent les halos de lumière filtrée par la fenêtre.
Le jeu incessant des couleurs chaudes et froides orchestre la profondeur du tableau.

Childe Hassam, Le Jardin dans l'île, 1892.

Ce peintre, qui compte parmi les aquarellistes américains les plus fidèles aux principes impressionnistes, capte ici la nature avec spontanéité. Cette composition dénote à merveille son art insolite du gros plan, qui révèle une image plate, bidimensionnelle, véritable foisonnement de points et de lignes animé de couleurs intenses.

COULEUR ET ART ABSTRAIT

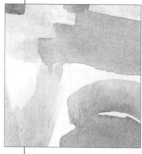

La couleur dynamique se charge de tout son pouvoir émotif et subjectif.

L A PEINTURE ABSTRAITE se détourne du réel pour retrouver l'essence même de l'art : lumière, espace, matière et couleur. Son esthétique et son message reposent sur les harmonies de la ligne et de la forme, et sur des associations de couleurs qui provoquent l'émotion. Elle offre également de multiples visages ; elle peut s'appuyer sur des formes imaginées, dissociées de la réalité (voir ci-dessous, « Réinventer la réalité ») ou distiller l'apparence des choses (voir « Sublimer la réalité ») en une composition raisonnée de lignes, de volumes et de couleurs. La couleur devient véhicule du drame ou de la sublimation qui influence l'expression et l'énergie de toute œuvre.

Réinventer la réalité

1 ◀ Choisissez du papier épais à la texture marquée. Appliquez des lavis saturés de rose permanent et d'outremer à l'aide d'un gros pinceau plat. La composition abstraite repose sur la spontanéité du geste et l'humidité des lavis. La gamme de coloris doit être purement expressive, et les coups de pinceau doivent être automatiques.

2 ▲ Ajoutez des lavis de rouge de cadmium et laissez les bords de la touche fusionner avec l'outremer pour obtenir un délicat violet. Préférez le mélange des couleurs sur le papier au mélange sur la palette afin de préserver la luminosité des lavis. L'art abstrait mise avant tout sur le ton, la lumière et l'harmonie pour donner son rythme et sa définition à la composition.

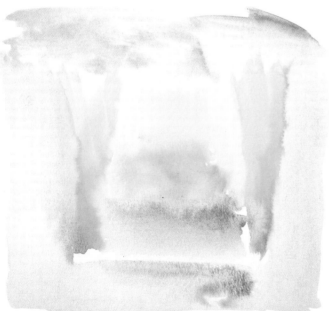

3 ▲ Ces trois pigments donnent corps à une première composition qui suggère à peine les formes et joue avec le contraste clair/obscur dû à l'inégale imprégnation des couleurs. Avec une éponge ou du papier absorbant, tamponnez légèrement la peinture par endroits : vous obtenez des formes qui échappent déjà au réalisme.

4 ▲ Reprenez le pinceau pour passer un fort lavis de vert de vessie. Ce semis de touches vertes encadrant sporadiquement le sujet crée un motif répétitif qui rompt la monotonie des aplats de couleurs, marque le mouvement et le rythme de la composition. Le vert contrastant avec le rose permanent, ces deux couleurs exaltent leur intensité respective.

5 ▶ Terminez par des lavis de rouge de cadmium et d'outremer intenses, appliqués de façon arbitraire. La force du rouge fournit un pivot lumineux à la composition et complète les lavis d'outremer ; la peinture fonde sa puissance et son impact sur deux jeux de complémentaires. Les premiers tons clairs donnent l'illusion d'espace et de profondeur, tandis que les ultimes lavis, plus forts, vibrent au premier plan. Les touches de rouge vif accélèrent le tempo, toutefois modulé par les couleurs claires.

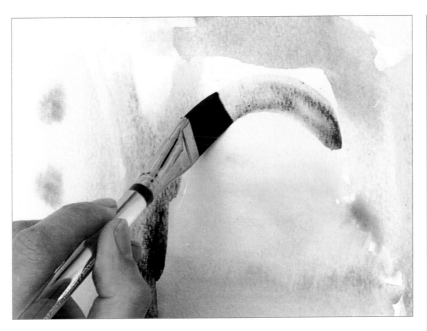

Matériel

Palette

Gamme de gris

Outremer

Vert de vessie

Rouge de cadmium

Rose permanent

Noir d'ivoire

Turquoise

Ombre naturelle

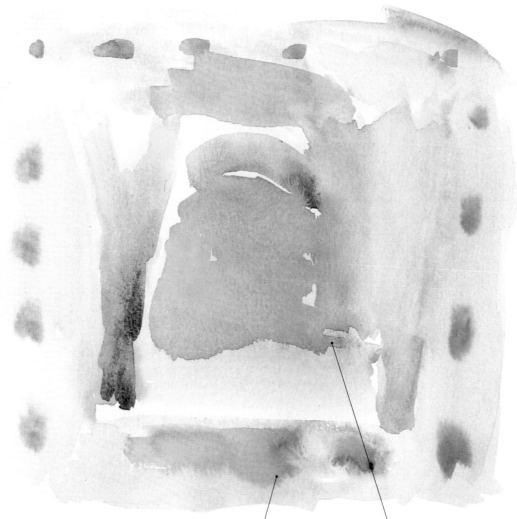

Brosse en fibres synthétiques n° 22

Quelques enseignements

L'abstraction s'appuie sur les effets spontanés et imprévus de la technique humide sur humide. Les lavis fusionnent en toute liberté et s'étalent au hasard sur le papier.

Le mélange d'une couleur dynamique et de teintes calmes et subtiles procure une sensation d'espace et de lumière.

Le rapport des tons et les deux jeux de complémentaires créent le mouvement et le rythme de la composition.

Sublimer la réalité

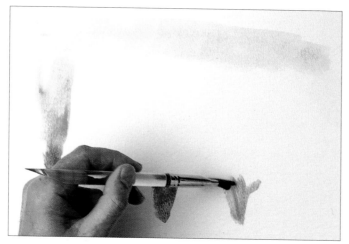

1 ▲ Cette seconde étude nous mène à évoquer une masse montagneuse, prétexte à une composition fort dépouillée. Appliquez au gros pinceau un lavis de turquoise pur pour cadrer le sujet : ce premier jet symbolise l'immensité du ciel tout en créant l'illusion d'espace et de lumière.

2 ▲ Posez au milieu de larges touches de vert de vessie. Veillez à la luminosité de ce lavis qui doit symboliser la fraîcheur et le verdoiement de la végétation. Puis appliquez un lavis plus léger de vert de vessie et de noir d'ivoire sur le blanc du papier pour signifier le volume et le relief de la montagne.

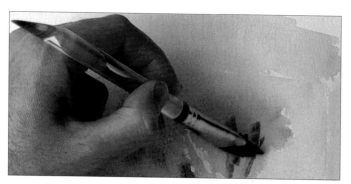

3 ▲ Peignez la forme schématisée d'un arbre vert sur le pan droit de la montagne. Renforcez sa définition en ajoutant quelques touches d'ombre naturelle au sommet de la tache verte. Le sujet se libère ainsi de toute référence au réel.

4 ▲ Sur les touches de vert de vessie et de noir d'ivoire, appliquez un fin glacis d'ombre naturelle pour atténuer l'intensité et la froideur des teintes pures. Cette technique permet également d'aviver et d'harmoniser les autres lavis, de susciter un sentiment d'espace et d'air pur.

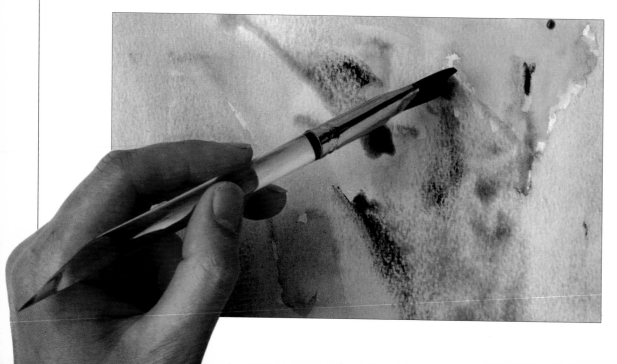

5 ◀ Terminez par un lavis de noir d'ivoire qui évoquerait des oiseaux et des buissons pour rompre la monotonie des aplats et donner vie au sujet.
Enfin, si le ciel vous paraît trop fade par rapport aux autres teintes, ajoutez un second lavis turquoise.

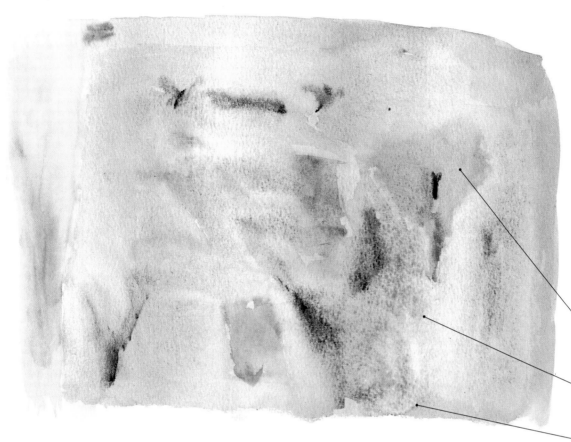

Quelques enseignements
Les éléments de cette peinture d'atmosphère, d'une grande subtilité, sont stylisés à l'extrême et rendus par la couleur symbolique.

Les fins lavis de couleur sourde abolissent la profondeur et la perspective.

Les teintes nuancées se fondent en une douce harmonie de quiétude, d'espace et de lumière.

Les contours estompés, dissous, affinent le sentiment d'espace illimité.

LA SYMBOLIQUE DES COULEURS

La couleur est un langage universel. Sa symbolique repose principalement sur les associations nées de la nature et des cultures religieuses ; des liens visuels entre sujet et objet. À ce titre, la couleur est un véritable outil artistique qui suscite l'émotion, la surprise et motive une réponse. Rien d'étonnant à ce que les peintres occidentaux contemporains aient réaffirmé son pouvoir et son rôle majeur dans leurs œuvres.

Le vert est une teinte ambivalente, associée au poison, à l'envie, à la jalousie et à la peur, mais aussi à l'espérance, au renouveau printanier, au repos et à la sécurité. Symbole de fertilité, il fut longtemps porté en Europe à l'occasion du mariage.

Le rouge est la couleur la plus forte du spectre ; il évoque les émotions intenses, la passion ardente. Sa chaleur peut nous réconforter ou nous provoquer, voire nous agresser. Pour les Chinois, il est signe de bon augure.

Le noir est traditionnellement un symbole maléfique de mystère, de mort, d'inconnu. Il est aussi synonyme de distinction et de raffinement.

L'orange est vif et acide comme la couleur et le goût du fruit. Il a la chaleur et le piquant des épices telles que le curry ou le safran. En Orient, il prend une connotation religieuse ; les moines bouddhistes sont vêtus de robes couleur safran.

Le bleu est synonyme de paix, d'espace et d'immensité. S'il symbolise la vérité, la divinité et la noblesse, il peut aussi exprimer la peur et la maladie.

Le blanc évoque d'emblée le bien, la pureté, l'innocence. Toutefois, il est également signe d'une certaine froideur dénuée de sentiment, voire de deuil.

Le violet est énigmatique. L'Église chrétienne l'utilise dans ses cérémonies pour célébrer la Passion et la mort du Christ. De même, le pourpre est la couleur de la royauté et des hautes dignités.

Le jaune, couleur chaude par excellence, est à l'image du printemps et de l'été. Symbole de joie, de jeunesse et de croissance, il peut hélas ! aussi évoquer la maladie et la crainte d'un grand péril.

Regards sur LES PEINTURES ABSTRAITES

C'EST AU XXe SIÈCLE que la peinture abstraite s'affirme en réaction contre l'académisme pictural fondé traditionnellement sur l'imitation de la nature. L'Américain Sam Francis et l'Allemand Max Ernst bannissent toute forme représentative et usent de la couleur symbolique pour articuler leur vision du monde.

Sam Francis, *Peinture à l'aquarelle,* 1957.
Francis dévoile ici son intérêt pour la lumière directe, plus que pour ses reflets ; ses teintes sont saturées sans perdre leur luminosité. Si les taches rouges et bleues impriment le mouvement, les coulures symbolisent la rencontre fortuite de couleurs surgies spontanément du silence et de l'arbitraire.

Gisela Van Oepen, *Aquarelle n° 564A.*
La vaste étendue de papier blanc assure un jeu d'équilibre subtil avec la structure lumineuse qui se dresse au centre de la composition. Le contraste de l'orange et du bleu intenses fait avancer et reculer le sujet tandis que les quelques gouttes d'un rouge palpitant accentuent l'impact visuel de la ligne et de la couleur.

Le blanc du papier devient partie intégrante de la composition et piège le regard sur les complémentaires bleue et orange.

La pureté des lignes et des couleurs extrêmes dicte l'impact visuel et la force de la peinture. Notez les proportions soigneusement dosées de chaque couleur.

Max Ernst, *Paysage,* 1917.
Père du mouvement dada à Cologne, puis grand prêtre du surréalisme, Ernst fut l'un des plus illustres peintres de ce début du XXe siècle. Son exploration de l'inconscient et son désir de liberté le poussent à exécuter des œuvres mystérieuses aux couleurs fantastiques. Les violets riches, saturés et lumineux, vibrent au cœur de la composition. L'intense harmonie créée par les couleurs analogues illustre la virtuosité du maître qui sait concilier à merveille théorie et instinct artistique.

Christopher Banahan, *Venise.*
*Banahan saisit ici les éléments essentiels
des édifices vénitiens pour les
métamorphoser en des images
dépouillées. Ces formes élémentaires
bâtissent une structure autonome de
masses et de couleurs, douée d'un
prodigieux attrait esthétique. L'artiste
cherche à donner vie à l'impalpable,
laissant au lyrisme de ses couleurs le soin
de décrire les sensations. La profondeur
des tons bleu foncé tranche avec les demi-
teintes, le tout se mêlant en une harmonie
subtile. Les passages plus sombres
accentuent les parties plus claires, qui
miroitent délicatement et baignent la
composition d'une douce lumière.*

La subtilité des variations de bleu reflète un climat, provoque l'émotion.

Les objets puisés dans la nature sont réduits à leur plus pure expression, sans lien avec la réalité tangible.

Les couleurs riches et lumineuses s'exaltent pour frapper l'œil et les sens.

Ernst avait coutume d'exagérer les formes, les lignes et les volumes pour exprimer le subconscient.

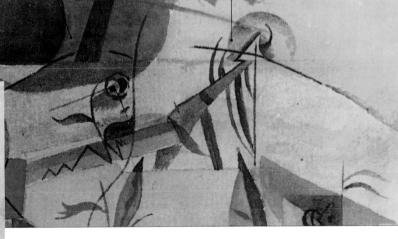

Carol Hosking, *Équilibre.*
*Son œuvre accuse une nette
influence de la couleur et de la
musique, qu'elle conjugue pour
offrir un répertoire expérimental
de couleurs, de mouvements et
de formes. Elle travaille
intuitivement, sans idées
préconçues. Les formes et les
symboles universels, inspirés de
la nature, sont ici traités par un
doux mélange de couleurs. La
force de chaque pigment est
tempérée pour éviter les teintes
dominantes.*

UN PEU DE VOCABULAIRE

APLAT Lavis étalé sur une large surface à l'aide d'un gros pinceau, de façon à produire une tonalité uniforme.

ASPERSION Technique consistant à secouer un pinceau chargé de peinture pour créer un effet moucheté. On obtient le même résultat en grattant les soies d'une brosse à dents avec l'ongle.

CAMAÏEU Dessin ou peinture exploitant les tons et les nuances d'une seule et même couleur. On parle également de « lavis monochrome ».

COULEUR CHAUDE On considère le rouge-orangé comme une couleur chaude. Généralement, les couleurs chaudes semblent rapprocher, alors que les couleurs froides reculent.

COULEUR DÉSATURÉE Une couleur pure, saturée, perd de son intensité lorsqu'elle est mélangée à une autre couleur, pour donner une couleur rabattue ou une couleur rompue. Lorsque trois couleurs sont mélangées en proportions inégales, il en résulte un gris.

COULEUR ÉTEINTE Teinte sourde, très faiblement saturée.

COULEUR FROIDE Le bleu est considéré comme une couleur froide et fuyante, utilisé pour traduire la profondeur comme dans le cas de la perspective atmosphérique où les couleurs lointaines sont traduites par les bleus.

COULEUR LAVÉE Couleur additionnée de blanc.

COULEUR NEUTRE Couleur créée en mélangeant à parts égales des couleurs complémentaires qui s'annulent alors entre elles pour produire une couleur terne.

COULEUR PERMANENTE Pigment solide à la lumière qui ne s'estompe pas avec le temps. La permanence, ou fixité, d'une couleur est indiquée par un système d'astérisques : trois astérisques pour les couleurs d'une fixité complète, deux pour les couleurs très solides et une seule pour les couleurs solides.

COULEUR RABATTUE Couleur additionnée de noir ou foncée par sa complémentaire.

COULEUR VIVE Couleur brillante et saturée.

COULEURS ANALOGUES Couleurs qui se jouxtent sur le cercle chromatique.

Couleurs complémentaires Ce sont les couleurs fortement contrastées, se complétant deux à deux et diamétralement opposées sur le cercle chromatique. La complémentaire d'une primaire correspond au mélange des deux autres primaires. Ainsi l'orange est la complémentaire du bleu, le vert du rouge, et le violet du jaune.

COULEURS PRIMAIRES Ce sont le rouge, le bleu et le jaune, couleurs qui, en peinture, ne peuvent être obtenues par aucun mélange et dont le mélange permet d'obtenir toutes les autres couleurs.

COULEURS PROCHES Couleurs placées côte à côte sur un tableau.

COULEURS SECONDAIRES Couleurs obtenues par le mélange de deux primaires. Le vert, l'orange et le violet sont des secondaires.

COULEURS TERTIAIRES Ces couleurs, obtenues en mélangeant une primaire avec sa couleur secondaire analogue, comportent les trois primaires. Les tons neutres s'obtiennent en mélangeant deux couleurs quelconques *(voir couleurs désaturées)*.

DIFFUSION Tendance de certains pigments organiques à diffuser au travers d'une autre couche de peinture.

EFFET MARBRÉ Effet produit par les pigments légers, qui ont tendance à se disperser inégalement sur le papier.

EFFET MOUCHETÉ Effet produit par les pigments lourds et grossiers, qui se déposent sur les aspérités du papier.

ENLÈVEMENT DE LA COULEUR Technique permettant de modifier une couleur et de créer des rehauts en absorbant au pinceau, à l'éponge ou au papier absorbant ladite couleur posée sur le papier.

FIXITÉ *Voir* Couleurs permanentes.

FONDU Passage progressif d'une couleur à une autre.

FORMES NÉGATIVES Forme d'un objet évoquée en peignant non l'objet lui-même, mais les zones environnantes.

FUGACITÉ Les couleurs fugaces s'estompent au bout d'un certain temps, contrairement aux couleurs solides à la lumière.

GESSO ACRYLIQUE Apprêt pour la préparation du papier à aquarelle permettant de réaliser des effets spéciaux.

GLACIS Terme de peinture à l'huile. En aquarelle, lavis monochrome recouvrant la surface du tableau, destiné à unifier le rendu des différentes couleurs.

GOMME ARABIQUE Fabriquée à partir de la résine de l'acacia d'Afrique, elle sert de liant dans la fabrication des aquarelles. Aujourd'hui, on utilise essentiellement la gomme de Kordofan, provenant d'une région du Soudan.

GOUACHE Peinture à l'eau caractérisée par son opacité. On parle également de couleur opaque.

GRAIN Texture spécifique de la surface d'un papier.

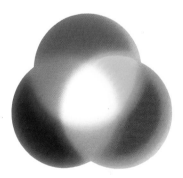

Les lumières colorées se mélangent en une lumière blanche.

Le mélange des trois primaires produit un gris foncé.

Le cercle des couleurs

Une couleur juxtaposée à une autre en modifie l'aspect.

GRIS COLORÉS Gris purs obtenus en mélangeant deux couleurs complémentaires en quantités inégales.

HUMIDE SUR HUMIDE Technique consistant à appliquer une couche de peinture humide sur un fond humide.

INFLUENCE DE LA COULEUR Une couleur subit très nettement l'influence de son environnement. Les couleurs proches ont tendance à s'assourdir ou à s'aviver. Ainsi, deux complémentaires juxtaposées s'exaltent mutuellement.

MÉLANGE OPTIQUE Couleur obtenue par effet d'optique en superposant ou en contrastant différentes couleurs, et non en recourant à leur mélange sur une palette.

MÉLANGE PHYSIQUE Mélange préalable de plusieurs couleurs sur la palette avant application sur le papier.

NEUTRES COLORÉS Couleur subtile, faiblement saturée, résultant du mélange, en quantités inégales, d'une primaire et d'une secondaire. Les neutres colorés rehaussent les couleurs saturées.

PAPIER À GRAIN FIN Papier calandré à chaud présentant une surface très lisse.

PAPIER À GRAIN MOYEN Papier calandré à froid présentant en surface un grain intermédiaire entre le grain fin et le grain torchon.

PAPIER À GRAIN TORCHON Papier calandré à froid fortement texturé, également appelé « gros grain » ou « grain grossier ».

PEINTURE SUR FOND SEC Technique consistant à appliquer une couche de peinture humide sur un fond sec.

PERSPECTIVE Méthode de représentation d'un objet en trois dimensions sur une surface à deux dimensions. Dans une perspective linéaire, les proportions géométriques permettent de réduire les objets au fur et à mesure qu'ils s'éloignent. La perspective aérienne produit une impression de profondeur en jouant sur les couleurs, plus froides et plus pâles à l'horizon et plus chaudes et plus vives au premier plan.

PIGMENTS INORGANIQUES Pigments d'origine minérale ou synthétique.

PIGMENTS LAQUÉS Colorants fixés par précipitation sur un support inerte.

PIGMENTS ORGANIQUES Pigments d'origine végétale ou animale.

POUVOIR ABSORBANT Capacité du papier à absorber la peinture. L'apprêt appliqué en surface (mélange de gélatine et d'eau auquel est ajouté un conservateur) détermine la rigidité et le pouvoir absorbant du papier.

POUVOIR COLORANT Force d'une couleur ou d'un pigment.

POUVOIR COUVRANT Capacité d'un pigment d'adhérer au papier et de résister à l'eau.

REHAUT Touche claire destinée à accuser la lumière sur un dessin ou une peinture. Dans les techniques transparentes, ce sont les réserves de blanc, alors que dans les techniques opaques, on crée les rehauts à la gouache blanche.

SATURATION Intensité d'une couleur. Les couleurs saturées sont intenses et vives. En revanche, une couleur désaturée est terne et tire sur le gris.

SOLIDITÉ À LA LUMIÈRE Permanence ou fixité d'une couleur. *Voir aussi* Couleurs permanentes.

SUPERPOSITION Technique consistant à recouvrir un lavis sec d'un autre lavis, de façon à donner de la profondeur à une couleur ou à un ton.

SYNTHÈSE ADDITIVE DES COULEURS Mélange de différentes lumières colorées. Les trois couleurs primaires de la lumière sont le rouge-orangé, le vert et le bleu-violet. La synthèse additive du rouge-orangé et du bleu-violet donne du rouge magenta. Le vert et bleu-violet donnent du bleu-cyan. Le rouge-orangé et le vert, du jaune. En mélangeant les trois primaires additives, on obtient une lumière blanche.

SYNTHÈSE SOUSTRACTIVE DES COULEURS Mélange de pigments colorés. Lorsqu'une couleur en recouvre une autre, elle retire de la lumière au mélange qui parait donc plus foncé. Les couleurs primaires soustractives sont le magenta, le jaune et le bleu-cyan. Le mélange physique de ces trois couleurs à parties égales produit un gris foncé.

TECHNIQUE À LA BROSSE SÈCHE Méthode consistant à étaler à la brosse sèche une peinture sèche ou solide sur les rugosités du papier, pour créer des effets de polychromie.

TEINTE Couleur du spectre.

TENSION DU PAPIER Procédé consistant à tendre le papier à aquarelle pour éviter qu'il ne gondole lors de l'application de la peinture. On détrempe le papier avant de le fixer sur une planche avec du papier gommé, puis on le laisse sécher.

VALEUR Degré de clarté ou d'obscurité d'une couleur sous l'effet de la lumière.

REMARQUE SUR LES COULEURS, LES PIGMENTS ET LA TOXICITÉ

Le bleu Winsor et le vert Winsor que nous recommandons sont des pigments à base de phtalocyanine ; d'autres fabricants proposent les mêmes matériaux sous d'autres noms de marque, tels que bleu ou vert Phtalo, bleu ou vert Monestial, etc. De même, le rose permanent que nous conseillons est un pigment à base de quinacridone. Le jaune citron auquel nous faisons référence existe également sous le nom de jaune de titanate de nickel. Pour tout renseignement complémentaire sur les pigments, reportez-vous à la documentation du fabricant.

Nous avons, dans la mesure du possible, évité de recommander des pigments à base de chrome qui sont relativement toxiques. Les couleurs à base de cadmium présentent un pouvoir colorant et une permanence exceptionnels, mais il est conseillé de prendre certaines précautions élémentaires en les utilisant (éviter de porter à la bouche les pinceaux chargés de peinture).

REMARQUE SUR LES PINCEAUX

Selon les fabricants, les tailles peuvent être légèrement différentes.

REMARQUE SUR LES PAPIERS

Le grain des papiers - gros grain, grain moyen et grain fin - varie sensiblement d'un fabricant à un autre. Il est donc vivement conseillé d'en examiner plusieurs avant de fixer son choix.

Les gris colorés font ressortir les couleurs pures

Les trois primaires : bleu-cyan, magenta et jaune

INDEX

REMERCIEMENTS

Œuvres originales

William Adams : p. 56-57 ; Gabriella Baldwin-Purry : p. 18-19, 44-47 ; Christopher Banahan : p. 24-25, p. 64-67 ; Sharon Finmark : p. 11, 13, 16-17, 30-31, 32-35, 36-37, 54-55, 58-59 ; Jane Gillford : p. 12 et pages de garde ; Noel McCready : p. 48-51 ; Paul Newland : p. 38-41 ; Rachel Williams : p. 60-61.

Photographies

Légende : *h = haut, b = bas, g = gauche, d = droite, c = centre*

p. 7 *hg* : Field : *Herbier* (dans : *A Journal of Practical Essays, Experiments and Enquiries, 1806*), avec l'autorisation de Winsor and Newton, Harrow ; p. 7, 8 et 9 : pigments et matériaux avec l'autorisation du musée Winsor and Newton, Harrow ; p. 9 *hd* : Girtin, *La Maison blanche à Chelsea*, Administrateurs de la Tate Gallery ; p. 14 *b* : Turner, *Coucher de soleil sur un château*

en ruine surplombant une falaise, Administrateurs de la Tate Gallery ; p. 15 *hg* : Alexander, *Variation africaine*, The Royal Watercolour Society Diploma Collection, reproduit avec la permission des Administrateurs ; p. 15 *hd* : John, *Petite Fille au grand chapeau*, Visual Arts Library, Londres ; p. 15 *bd* : Munch, *Nu agenouillé*, Musée Munch, Oslo ; p. 20 *h* : Nolde (attribué), *Homme et femme* , Christie's, Londres / Bridgeman Art Library, Londres © Nolde-Stiftung , Seebüll, Allemagne ; p. 21 *hd* : Cézanne, *Nature morte, pommes, bouteilles, dossier de chaise*, Courtauld Institute Galleries, Londres ; p. 21 *cg* : Rossetti, *Horace découvrant la folie d'Ophélie*, Oldham Art Gallery, Lancashire ; p. 28 *g* : Emil Nolde (attribué), *Arums et tulipes*, Visual Arts Library © Nolde-Stiftung, Seebüll ; p. 28-29 *h* : Macke, *Dame à la jaquette jaune*, Museum der Stadt, Ulm / Bridgeman Art Library ; p. 29 *bd* : Homer, *Goélette à Gloucester*, Visual Arts Library ; p. 42 *hd* : Thomas Girtin, *L'Abbaye d'Egglestone*, Oldham Art Gallery ; p. 42 *b* : Marin : *La Seine à Paris*, Visual Arts Library ; p. 43 *h* : Homer, *Scène de rue, La Havane*, Visual Arts Library ; p. 43 *b* : Brabazon, *Bénarès*, avec l'aimable autorisation du Conseil des Administrateurs du Victoria and Albert Museum / Bridgeman ; p. 52 *b* : Palmer, *Le Pommier magique*, Visual Arts Library ; p. 53 *hg* : Homer,

Palmier, Nassau, Visual Arts Library ; p. 53 *hg* : Hopper, *La Tour de Saint-François* ,Visual Arts Library ; p. 62 : Cotman, *Le Portail du réfectoire, prieuré de Kirkham*, Courtauld Institute Galleries ; p. 63 *hg* : Delaunay, *Femme*, ADAGP, Paris et DACS, Londres 1993 ; p. 63 *bd* : Hassam, *Le Jardin dans l'île*, Visual Arts Library ; p. 68 *hd* : Francis, *Peinture à l'aquarelle*, 1957, Visual Arts Library, ARS New York ; p. 68-69 *b* : Ernst, *Paysage 1927*, Visual Arts Library / DACS.

Dorling Kindersley tient à remercier : Alun Foster et Emma Pearce de chez Winsor and Newton, qui ont répondu à nos questions, Sharon Finmark qui a réalisé un travail considérable et Margaret Chang qui a participé à la relecture du manuscrit.

Recherche et rédaction du texte : Susannah Steel.